产品经理的
AI
进化书

人工智能时代
产品规划新战略

廖移平 王盛祥 吴敏霞 佟金璐 著

江西科学技术出版社
江西·南昌

图书在版编目（CIP）数据

产品经理的AI进化书：人工智能时代产品规划新战略 / 廖移平等著. -- 南昌：江西科学技术出版社，2025. 4. -- ISBN 978-7-5390-9490-8

Ⅰ．F49

中国国家版本馆CIP数据核字第2025BP7872号

产品经理的AI进化书：人工智能时代产品规划新战略
CHANPIN JINGLI DE AI JINHUASHU：
RENGONG ZHINENG SHIDAI
CHANPIN GUIHUA XINZHANLÜE

廖移平 王盛祥
吴敏霞 佟金璐 著

出版发行	江西科学技术出版社
社址	南昌市蓼洲街2号附1号
	邮编：330009 电话：（0791）86623491 86639342（传真）
印刷	定州启航印刷有限公司
经销	全国新华书店
开本	710 mm × 1000 mm 1/16
字数	200千字
印张	12.5
版次	2025年4月第1版
印次	2025年4月第1次印刷
书号	ISBN 978-7-5390-9490-8
定价	78.00元

国际互联网（Internet）地址：http://www.jxkjcbs.com　　选题序号：KX2025085　赣版权登字：-03-2025-38
责任编辑：范春龙　　总策划：杨青　　出版统筹：柴占伟
策划编辑：杜若婷　师圣　装帧设计：张晴　章越
版权所有　侵权必究

（赣科版图书凡属印装错误，可向承印厂调换）

产品经理是一种在数字化浪潮中崭露头角,并迅速成为推动科技与商业融合的职业,作为一个连接技术与市场、用户与企业的桥梁,其核心任务是通过精准识别用户需求、规划产品方向、协调团队资源,最终为用户和企业创造价值。然而伴随市场环境的加速变化、用户需求日益多样化、竞争对手不断推陈出新,传统的产品管理方法正面临着前所未有的挑战。在这样的背景下,产品经理迫切需要一种更高效、更智能的方式来应对这一切。而生成式人工智能(AI)的出现,为这一职业注入了新的活力与可能性。

当下时代,人工智能并非一个单纯的技术概念,它已经渗透进了商业的方方面面。从用户研究到需求采集,从需求分析到需求管理,从辅助项目启动到需求开发等,AI 为产品经理提供了全新的工具和视角。这不仅是技术手段的革新,更是思维方式的重塑。在生成式 AI 的加持下,产品经理可以借助数据的力量洞悉需求的真相,利用自动化工具极大提升工作效率,甚至通过虚拟助手模拟用户行为,为产品规划提供更加真实的依据。这种技术赋能的背后,隐藏着重构产品管理方法论的巨大潜力。

然而,AI 的加入并不意味着产品经理的工作会被取代。相反,它为这一角色提供了更多的可能性,也对产品经理提出了更高的要求。从技能层面看,产品经理需要快速掌握 AI 工具的使用方法,同时理解其背后的技术逻辑与局限性。从思维层面看,他们需要学会在 AI 生成的海量数据中发现真正有价值的信息,将技术的冰冷逻辑转化为符合人性与市场规律的创新解决方案。这一切的核心,是如何让技术为人服务,而非让其成为被人们盲目依赖的对象。

如果说过去的产品经理更像是游走在需求和资源之间的协调者,那么 AI 的引入则为他们赋予了更多的可能性:他们不再仅仅是"协调者",还是"创造者"

和"预测者"。生成式AI帮助产品经理更快、更精准地生成用户画像,更深入地挖掘市场需求,更高效地制定产品路线图。这种能力的提升,让产品经理能够腾出更多的精力去关注产品的战略价值,去思考如何为用户创造更加独特的体验,去引领一个产品从概念到落地的每一个关键时刻。

尽管如此,我们也必须意识到,技术是一把双刃剑。生成式AI固然强大,但其使用过程中同样存在数据偏见、伦理争议以及误用的风险。如果产品经理完全依赖AI做决策,而忽略了人性化的判断和洞察,可能导致产品偏离市场需求甚至造成更严重的后果。因此,产品经理需要在技术能力和人文素养之间找到平衡。AI是工具,而非答案。真正成功的产品经理,是能够将AI的强大能力融入自身经验和判断中,从而做出明智决策的人。

在这个技术与创新快速发展的时代,生成式AI并不仅仅是一项新兴技术,它更像是一种全新的思维方式。它提醒我们,产品的本质始终是服务于人,满足人类的需求并提升生活的品质。AI让我们有能力以更高的维度去理解用户、设计产品,但归根结底,决定产品成功的仍然是我们对人性的深刻洞察。产品经理作为这一过程中最重要的角色,必须始终保持对技术的开放态度,同时坚守为用户创造价值的初心。

本书的写作意图,正是希望帮助产品经理在生成式AI的浪潮中找到自己的定位,学会运用AI赋能产品规划、设计与管理,同时警惕技术的局限与风险。我们希望通过深入剖析产品经理在AI时代所面临的机遇与挑战,激发每一位从业者的思考与创新,让技术真正为人的发展服务。AI的时代已经到来,但它终究只是工具,如何使用它,取决于我们每一个产品经理的智慧与选择。

需要注意的是,针对本书中所出现的文本框,为了展示AI生成文字的内容,不做任何修改,所以不可避免地出现一定语言瑕疵或错别字等,请知悉。

目录 Contents

第一编 产品经理 AI 基础

第 1 章 产品经理入门

1.1 了解产品 /// 2
1.2 产品经理 /// 6
1.3 成为产品经理的理由 /// 14
1.4 成功入行的诀窍 /// 16
1.5 产品经理职业发展的关键阶段 /// 21

第 2 章 探索生成式 AI

2.1 了解生成式 AI /// 30
2.2 生成式 AI 能帮产品经理干什么 /// 42

第二编 如何使用 AI 处理需求端

第 3 章 AI 助力用户研究与需求采集

3.1 用户研究和分析 /// 50
3.2 需求采集方法 /// 57

第 4 章　AI 提供需求分析与筛选

4.1　需求分析 /// 88

4.2　需求筛选 /// 97

第 5 章　用 AI 来进行需求管理

5.1　需求数据整理 /// 110

5.2　需求数据生成表格 /// 115

5.3　需求文档自动化 /// 119

5.4　需求管理的其他价值 /// 122

5.5　需求生成思维导图 /// 125

第三编
AI 项目管理全流程

第 6 章　AI 辅助项目启动和需求开发

6.1　项目开始——立项 /// 138

6.2　项目需求的开发 /// 155

第 7 章　用 AI 实现项目开发

7.1　项目开发 /// 178

7.2　项目发布 /// 183

后　记　修炼内在，拥抱 AI 时代的无限可能　/// 187

每一位优秀的产品经理,都知道需求分析很重要,但是对于众多产品经理而言,他们真的可以弄清楚需求,分析对用户的真实需求吗?产品经理又该如何进行需求分析。

在当今快速变化的商业环境中,产品经理扮演着至关重要的角色,他们不仅是创新的推动者,也是实现公司战略目标的关键人物。本章内容将从产品出发,带我们走进产品经理的世界。

第一编
产品经理 AI 基础

第 1 章
产品经理入门

1.1 了解产品

产品的概念,早已经超越了传统的物质范畴,延伸到了数字和服务等各个领域。对于产品经理而言,深入了解产品的本质和多样性,是成功规划和管理产品的基础。只有真正理解什么是产品,以及产品如何满足用户需求,才能在激烈的市场竞争中脱颖而出。

1.1.1 产品的概念

产品是人们所熟知的东西,因为熟知所以往往会陷入约定俗成的理解。人们对产品的理解往往停留在有形的范畴,以及围绕产品所获得的简单服务。所谓产品即能提供给市场、被人们所消费同时可以满足人们需求的东西,如有形物品、无形的非物质性的服务等。询问 AI,给出产品的定义如下。

AI 给出产品的定义如下。

> **问:**
>
> 请讲解什么是"产品"[1]。
>
> **答:**
>
> "产品"这一概念在经济学和市场营销中占据着核心的地位,它涵盖了从实体商品到服务,再到数字内容的广泛类别。从最广义上讲,产品是指在市场上能够被提供出来以满足个人或集体需求或欲望的任何事物。产品不仅仅是物理存在的商品,还包括了服务、活动、人员、地点、组织甚至是想法。以下将从不同的角度来详细探讨"产品"的多层次含义及其在商业运作中的重要性。
>
> 在经济学中,产品被定义为可以提供给市场以满足某种欲望或需求的任何事物。这包括了我们日常生活中可见的各种商品,如食品、服装、电子产品等,也

---

[1] 本书中如未特殊说明,AI 生成的文本均为"DeepSeek"生成,需要注意的是,为了具体展现生成式 AI 生成的内容,书中对于 AI 生成的文本,未做任何处理,请知悉。

包括了各类服务，如教育、保健、金融服务等。产品的关键属性是它具有价值，消费者愿意为之支付价格。

产品分类：
产品可以按照多种方式进行分类：

按实体性质分类：实体商品和服务。实体商品是有形的，如汽车、家具等；服务则是无形的，如理发、咨询等。

按消费者类型分类：消费产品和工业产品。消费产品是面向最终消费者的，如牙膏、衣服；工业产品则是为生产其他商品或服务而购买的，如原材料、机器设备。

按购买习惯分类：便利产品、购买比较产品、特殊产品和未被寻求的产品。这些分类基于消费者购买产品时的决策和努力的程度。

产品的生命周期：
每一个产品从被创造出来到退出市场，都会经历一个生命周期，包括引入期、成长期、成熟期和衰退期。了解产品的生命周期对企业制定市场策略、调整生产和销售策略至关重要。

产品组合和产品线：
企业往往不只提供一个产品，而是有一个产品组合。产品组合指的是一个公司在售的所有产品的总和。产品线则是组合中相互关联的产品群，它们通常功能相似，被目标到相同的客户群体，或者通过相同的渠道销售。产品组合的管理对于企业来说是一个挑战，需要在不同产品之间平衡资源和市场定位。

产品的品质与标准：
产品的品质直接关系到企业的声誉和消费者的满意度。高品质的产品能够增强消费者的忠诚度，提高企业的市场竞争力。此外，产品还需满足一定的标准和规范，这些可能是由法律法规设定，也可能是行业内部自我规范的结果。

产品的价值主张：
每个产品都需要一个清晰的价值主张，即它能为消费者带来什么独特的好处或解决什么问题。价值主张是产品与市场对话的核心，是营销和广告活动的基础。

> 总结来说，产品作为连接企业与市场需求的桥梁，其设计、开发和管理需要精细的策略和深入的市场洞察。有效的产品管理不仅能够带动企业的持续增长，还能增强企业在竞争激烈的市场中的地位和影响力。

以上AI对"产品"概念的解释非常全面和深入，涵盖了产品的定义、分类、生命周期、产品线管理以及产品质量和价值主张等多个维度。AI所生成的内容可以帮助读者全面理解产品在商业运作中的核心地位及具备的复杂性。

AI的解释提供了理论框架，同时强调了实际商业环境中产品管理的重要性和挑战，使得内容既有教育意义也具有实用价值。这种解释方式能够帮助潜在的商业领导者或市场营销人员在制定策略时考虑到产品生命周期的各个阶段，从而更好地满足市场需求和消费者期望。

1.1.2 产品的类型

大众理解的产品大部分是日常消费品和耐用品以及其他实体物品，但实际上，上面提及的产品，仅为物理产品的范畴，产品的类型主要分为物理产品、数字产品和服务型产品三种。

1. 物理产品

物理产品的特点在于它们具有实体形态，人们可以看到它们的大小、形状和颜色，甚至可以感受到它们的质地和重量。制造这些产品需要原材料，这些产品在生产过程中，不仅需要物料，还需要通过各种机器和人工操作加工而成。所以说物理产品的生产涉及从原材料的采购到产品的生产再到最后的销售的复杂的供应链管理，其中的每一步都需要精心的安排和管理。

2. 数字产品

数字产品和物理产品完全不同,它们属于无形产品。数字产品经常存在于电脑、手机和其他的电子设备中,常见的数字产品有软件应用、电子书籍、数字音乐、电影和在线的课程等。人们可以通过互联网非常方便地购买和下载数字产品,同时这些产品可以即时的更新和升级。由于其无形的特性,数字产品的交易和分发不受地理和时间的限制,因此可以为人们提供便利。

3. 服务型产品

服务型产品指以服务活动或劳动成果为主要内容的产品形式,其不同于物理产品与数字产品,并不依赖实体或文件载体,而是一种活动或体验。此类产品的核心在于"提供服务",其价值主要体现在提供者所具备的专业能力与服务过程中的顾客体验上。服务在提供后即被消耗,无法储存或转卖,因此每次服务的质量与效果均可能因情境或执行方式的不同而存在差异,这也使得对服务型产品的评价更具主观性与多样性。

1.2 产品经理

产品经理(Product Manager)是一个负责产品从构想到市场推广的整个生命周期的职位。他们负责定义产品愿景、制定产品策略、并与跨职能团队合作,以确保产品的成功开发和推广。

1.2.1 产品经理的定义

产品经理就像是一个产品的"指挥官",其职责为负责规划一个产品从无到有的过程,最终结果确保此产品能够成功地被生产,同时要保证市场上的人们会喜欢它,并为其买单。产品经理主要负责产品的研发、制造、营销、渠道等工作。

产品经理可以定义为为终端用户服务,负责产品整个生命周期的人群。

产品经理因为其工作性质则需要考虑目标用户特征、竞争产品、产品是否符合公司的业务模式等等诸多因素。产品经理管理的是一个或者多个有形产品。但是产品经理也可以用于描述管理无形产品如音乐、信息和服务的人。

询问 AI,AI 给产品经理的定义如下。

> **问:**
> 请详细解释什么是产品经理。
>
> **答:**
> 产品经理(Product Manager)是一种专业职位,主要负责在一个公司中指导和管理一个产品的生命周期,包括从市场研究、产品设计、功能定义、到产品推出、市场推广和产品的最终退市。产品经理的工作涵盖了战略规划、需求调研、产品设计、市场推广,以及交叉功能团队的协调工作,是连接公司内部技术团队与市场客户之间的桥梁。
>
> (1)产品经理的定义
>
> 产品经理负责定义市场机会,明确产品的目标受众,设计和调整产品功能,

以满足市场需求。他们需要通过收集和分析市场数据、用户反馈和竞争对手的动态，来制定和调整产品战略。产品经理的核心目标是确保产品能够在正确的时间以合适的功能满足市场需求，同时实现公司的商业目标。

（2）产品经理的职责

产品经理的职责可以根据公司的规模、产品的类型以及市场的成熟度有所不同，但通常包括以下几个方面：

市场研究和分析：调研市场趋势、用户需求、竞争对手状况等，以便准确把握产品发展方向。

制定产品战略：基于市场研究，制定清晰的产品愿景和战略，明确产品的独特价值主张和市场定位。

需求管理：搜集来自客户、市场、内部团队等的需求信息，并确定产品的功能和优先级。

产品规划和设计：与设计师和工程师合作，确保产品设计符合用户需求和技术可行性。

项目管理：管理产品开发过程，确保项目按时按质完成。

协调跨部门合作：与市场、销售、客服等其他部门密切合作，确保产品上市和推广的成功。

性能监控：产品发布后，监控产品性能和用户反馈，进行必要的产品迭代和优化。

（3）产品经理的重要性

在现代企业中，产品经理的角色越来越受到重视。这是因为产品经理直接关联产品的成功与否，他们的工作成果直接影响到公司的收入和市场地位。良好的产品管理不仅能够提升产品的市场竞争力，还能够有效地提升用户满意度和客户忠诚度。

（4）成为一个优秀的产品经理

优秀的产品经理通常具备以下几个特质：

洞察力：能够洞察市场趋势和用户需求，把握产品发展方向。

沟通能力：能够有效地与团队成员、跨部门，甚至是外部合作伙伴进行沟通。

决策能力：在信息不完全的情况下，能够做出合理的决策。

技术理解能力：虽然不一定需要深入的技术背景，但需要有足够的技术理解能力，以确保可以和工程师有效沟通。

用户导向：始终以用户为中心，确保产品设计和功能切实解决用户的问题。

总之，产品经理是一种综合性很强的职业，需要具备市场敏感度、用户理解、

> 项目管理和跨部门协调等多方面能力。通过有效的产品管理，产品经理有能力引领产品从概念到市场的每一个步骤，确保产品能够成功地满足市场需求，从而推动公司的持续成长和发展。

AI 对于产品经理的解答比较全面，主要涵盖产品经理的核心职责、工作内容以及他们在产品开发和市场推广中的关键角色，同时 AI 使用了专业的行业术语来描述产品经理的各种职责和技能。

1.2.2 产品经理的发展

产品经理这一词语，第一次出现在 20 世纪二三十年代的宝洁公司，后来在 IT 领域大热，成为无数人所憧憬的岗位。但是实际上产品经理早在石器时代，就有雏形。

1. 石器时代

石器时代每个部落就像一个小社会，猎人、农民、医生等都有各种不同的角色和职责，当时的社会还非常简单，信息交流主要依靠口头传递，因此会导致信息的不准确和延迟。在这种情况下，部落的首领发现了一个问题：部落成员之间的信息沟通存在障碍。为了解决这个问题，首领将任务交给了先知。

先知的角色很特别，他不仅是传统意义上的宗教或精神领袖，还担当起了解决实际问题的职责。因此可以把"先知"看作部落里的"问题解决专家"。

先知首先做的事是走访部落内的各个成员。通过与部落成员的对话，先知总结出大家遇到的主要问题都集中在信息交流上。为了解决这个问题，先知则提出了一个创新的解决方案如下，在部落中心地带建立一个公告牌，其目的是公开展示谁捕获了猎物、谁的粮食可以交易、医生的位置等信息，从而让部落中的每个人都能方便地获取他们需要了解的信息。

在设计公告牌时，先知不仅要考虑公告牌的大小和位置，还要设计信息的展示方式，确保每个人都能看懂和了解。在这个过程中的先知，实际上就扮演了一个类似于现代产品经理的角色。因此产品经理不仅要了解用户的需求，还要设计解决方案，并且协调资源来实现这个解决方案。虽然这是在原始的石器时代背景下，但先知的工作和现代的产品经理非常相似，都是在重复发现问题、设计产品、并实现产品上线的过程。

石器时代因此诞生了可能是最早的"产品"之一——公告牌，而先知也可以被视为是最早的产品经理。

因此可以理解为产品经理角色的本质是了解用户需求，通过创新的方式解决问题，最终提升整个社区的生活质量。

2. 中古时代

中古时代随着人口的增长和城邦的形式，信息的交流和传播成了一个迫切需要解决的问题，石器时代所使用的公告牌已完全不能满足人们日益增长的沟通需求，因此需要一个新的解决方案。

中古时代的人们开始思考如何更高效、便捷地去展示、传播和修改信息。这种需求最终促成了印刷机的诞生。在中古时代社会分工愈加明显，各种角色的人群都在各司其职，为社会的发展贡献着自己的力量。

在印刷机的发明过程中，每个角色都扮演了重要的部分，但特别值得一提的是哲学家的角色。当时的哲学家不仅仅关注抽象的思考和理论研究，他们也开始直接参与实际问题的解决，这让他们在某种程度上承担了类似于现代"产品经理"的角色，他们的工作是识别并定义需要解决的问题，然后设计解决方案。在印刷机的开发中，哲学家首先确定了机器需要满足的核心功能，进而确保了印刷机的实用性和高效性，使其能够满足不断增长的信息传播需求。

为了实现上述功能，哲学家与艺术家和工匠紧密合作。其中艺术家负责设计机器的草图，提供美观且实用的设计方向；而工匠则是根据这些草图和哲学家提供的功能要求，完成了详细的设计图纸和最终的机械制造。

跨领域合作推动中古时代的第一台个人印刷机最终诞生。这种合作精神，以及将理论应用于实践的能力，是哲学家在中古时代扮演产品经理的核心。

3. 电气时代

电气时代随着生产力的大幅提升，人们对信息传递的速度和效率要求也越来越高。当时的技术革新也使得信息传递方式发生了翻天覆地的变化。

针对如何高速、高效、随时随地传递信息的问题，科学家、工程师、设计师和工人共同合作开发出了新的产品和技术。

在这个背景下，科学家不仅仅是在实验室进行基础研究，更多的是像一个现代意义上的产品经理，通过分析需求场景来设计解决方案。初期为了解决信息传递的问题，科学家们设计了第一代电子打印机的雏形。电子打印机的设计考虑到了不同的信息传输需求。对于短距离的信息传达，科学家提出了使用无线电波的方式。无线电波可以快速传输数据，适合于办公室或同一个建筑内部的快速通信。这种方法的好处是速度快，便于快速分享和打印文件。对于更远距离的信息传输，则采用了有线电流方式。通过电缆连接的打印机能够保证数据的一致性和安全性，适合于跨城市或更广泛区域的稳定通信。

在科学家设计出电子打印机的基本功能和通信原理后，这个设备的具体实现就需要工程师和设计师的参与了。工程师负责进行打印机电路的设计和制造，确保打印机的功能可以实现科学家设计的各项技术指标。设计师则负责打印机的外观设计，使其不仅功能强大，同时也要易于操作，外观美观，符合市场的审美需求。

电气时代的第一代电子打印机的产生其实是信息传递的一种综合解决方案，它的设计和实现展示了科学家（即电气时代的产品经理）在理解市场需求、设计解决方案、协调团队资源方面的重要作用。这种从传统的科学研究者到问题解决者和团队协调者的角色的转变，是电气时代技术进步和市场需求驱动下的必然结果。而科学家则是电气时代的"产品经理"。

4. 计算机时代

计算机和通信网络的普及不仅仅使信息成为了沟通的工具，更使其转化为了具有实际价值的资产。信息的价值提升意味着它可以被用来提高生产效率、提升产品价值、改进管理方式等。计算机时代的产品经理角色应运而生，对技术产品的定义、开发和市场推广起到了核心作用。此时的宝洁公司首次提出"产品经理"的概念，成为现代产品经理的雏形。

在技术领域，尤其是计算机行业，产品经理的角色变得更加专业和关键。这一变化与几个重大的技术里程碑有关。

1978 年 Intel 发布了 8086 处理器。

1981 年 IBM 发布了首台个人电脑。

1984 年苹果公司推出了首个具有图形用户界面的麦金塔电脑。

这些技术进步不仅推动了硬件、系统和用户界面的统一发展，也催生了像操作系统、办公软件等计算机行业的首批 IT 产品。

计算机时代的产品经理，从职责上看开始涉及更加复杂的任务，初期这些产品经理可能被称为项目经理、市场经理或业务分析师（BA）。其工作不仅仅是销售，更多的是协调技术团队和市场部门之间的沟通，确保产品能够满足市场需求，同时控制产品开发的时间线和预算。

这些产品经理需要进行市场研究，以确定用户的需求和偏好。他们要与工程师密切合作，转化这些市场需求为具体的产品功能。在产品开发过程中，产品经理还要负责版本控制，确保每一次更新都符合既定的目标和标准。此他们还要负责制定上市策略，包括定价、推广以及后续的产品支持和更新。也因此成为连接技术和市场的桥梁。

他们的工作帮助确保了技术产品不仅在技术上先进，而且能够满足市场和用户的实际需求，从而推动了整个计算机行业的快速发展和创新。这一角色的出现标志着产品经理职位从传统市场营销向更综合的技术和市场双重职责的转变。

5. PC互联网时代

个人计算机的普及和互联网的迅速发展改变了信息交流的方式，并带来了巨大的经济机遇。在这个时代，互联网公司如何快速占领市场、吸引用户成为关键问题。

互联网公司的使用边际成本几乎为零，这一点启发了许多公司采用免费模式来吸引用户。免费模式带来了大量流量，这些流量又能吸引资本投资，形成了一个自我增长的循环。此时产品经理的主要任务从单纯的市场推广转变为更多地关注产品本身的开发和用户体验。PC互联网时代的产品经理必须具备多方面的技能，包括技术知识、市场洞察力和项目管理能力。他们常常是连接技术团队和市场需求的桥梁，因此其角色非常关键。这个时代也催生了几种典型的应用类型，如搜索引擎（人找信息）、门户网站（信息找人）、电子邮件服务（人找人），这些应用的成功在很大程度上依赖于产品经理的创新和执行力。

6. 移动互联网时代

随着个人计算机的逐渐普及，互联网技术迅速转向移动端，这一转变随之带来新的市场机遇和挑战。产品经理在这个时代的主要任务是如何有效地将用户从PC端迁到移动端，利用移动设备的即时性和便捷性，抢占市场份额。智能手机和平板电脑等移动设备的普及使人们的生活方式发生了巨大变化。移动支付、社交网络、在线购物和数字娱乐等应用迅速发展，为产品经理提供了从零到一打造新产品的机会。此时创新的移动应用如雨后春笋般涌现，许多产品经理因此一夜成名。

然而，这种快速增长并没有持续太久。由于社会和国际环境的不稳定，诸如经济波动和国际政治紧张都对企业造成了压力，从而增加了企业的生存难度。在技术方面，真正能够突破现状的创新技术并不多，一些技术的炒作甚至被认为是"技术泡沫"。

在这样的环境下，产品经理的角色变得更加细化和专业化。他们需要在策略、商业化、数据分析和用户体验等多个细分领域内进行深入工作，而不满足于简单推广销售产品。产品经理需要根据不同的平台（如移动端、PC端、小程序等）和行业（如社交、电商、短视频等）制定具体的策略和执行计划。

由于行业的快速发展，许多公司在招聘产品经理时门槛较低，导致市场上产品经理的供过于求。随着市场的饱和和竞争的加剧，一些产品经理发现自己难以找到合适的工作机会。因此，产品经理的工作越来越被视为一种高度专业化的职业，他们需要精通各种工具和方法，以适应不断变化的市场需求。

7. Web 3.0 时代

在 Web3.0 时代，产品经理的角色变得更加复杂和多样化。随着互联网从集中式的 Web2.0 过渡到去中心化的 Web3.0，产品经理需要适应新的技术框架和业务模式。Web3.0 强调使用区块链技术，加强数据的透明度和用户的隐私保护，同时借助代币经济激励用户参与和贡献。

这一时期的产品经理需要具备对去中心化技术的深刻理解。，其工作不仅仅是创建一个产品，更是在构建一个由用户共同管理和维护的平台。因此产品经理必须设计出既能满足用户需求，又能激励用户持续参与的机制。

由于 Web3.0 产品常常涉及代币和治理权的分配，产品经理需要设计合理的代币经济模型和治理机制，确保产品的持续发展和社区的健康运行。另外产品经理还要负责产品的技术实现和市场推广。在技术实现方面，产品经理需要与开发团队紧密合作，确保产品的技术平台稳定可靠，用户数据安全，同时也要保证产品能够快速迭代升级。

在市场推广方面，产品经理需要通过创新的方式，如代币空投、社区建设等，吸引用户的注意并促使其参与。可以说，在时代和行业的发展下，产品经理岗位的特性是一直在不断变化的，无论是远古时期还是到现在，产品经理其实就是"在复杂的时代环境中，能够灵活切换不同视角来看待问题，通过深入的逻辑思考理解事物之间的因果关系，洞察发展规律和长期趋势，再通过创新改变世界的那批人"。

1.3 成为产品经理的理由

为什么要成为产品经理?因为好的产品能改变世界,同时坏产品也可以。但是坏产品无疑会让我们感觉"不舒服",所以世界需要我们——好的产品经理来拯救。

1.3.1 市场需求强烈

当今时代,初创企业和成熟的大公司都在寻找能够将用户需求与技术实现相结合的关键人物,即产品经理。随着市场竞争的加剧和技术的快速发展,公司对精准把握市场脉搏并理解用户心理的专业人士需求不断增加,以设计和优化产品。这种需求推动了产品经理职位的快速增长,并带来了大量的就业机会。技术的不断演进使得产品经理的角色日益重要。他们不仅需要评估和整合现有的市场数据,还要预见未来趋势和潜在机遇,从而确保产品能够在激烈的市场竞争中脱颖而出。企业对产品质量和用户体验的要求日渐提高,也进一步增强了产品经理在产品开发全周期中的影响力。因此,这一职业不仅为从业者提供了稳定的职业前景,也为有志人士搭建了展示才华的平台。

1.3.2 职业成长快速

产品经理的职业路径为个人提供了丰富的成长和晋升机会。个人可以从产品助理逐步晋升为产品经理、高级产品经理,乃至产品总监,并在每个阶段获得技能、知识和责任方面的实质性提升。产品经理需要具备市场分析、用户研究、战略规划和跨团队协作的能力,这些能力的培养与应用能够不断增强个人在职场中的竞争力。产品经理通常需要与市场营销、工程、设计和运营等多个部门紧密合作,这种跨部门的合作经验不仅帮助个人建立广泛的职业网络,也能极大地拓宽职业视野。这种综合性的工作经历为产品经理将来的职业转型或创业奠定了坚实的基础。

1.3.3 个人能力的全面提升

产品经理的工作能够在解决问题、沟通协调和创新思维等方面提供充分的锻炼与提升。产品经理需要在从市场调研到产品上线的全过程中不断学习新技术和新工具，并将所学知识应用于实际问题的解决。这种多维度的能力提升不仅使产品经理在职场上更加出色，也带来极大的个人满足感。成功的产品往往依赖于产品经理深入的市场洞察、精准的用户定位以及不懈的努力。当产品解决了用户痛点或在市场上取得成功时，这种成就感远超其他职业所能带来的体验。从 0 到 1，甚至从 1 到 100 的过程，极大地提升了产品经理的职业满意度和个人成就感。

1.3.4 推动行业创新

产品经理在技术和服务创新中发挥着至关重要的作用。他们不仅是产品的管理者，更是创新的引领者和实践者。通过运用前沿的科技思维来解决实际问题，产品经理能够推动行业的不断进步。产品经理在持续优化和调整产品功能的过程中，不仅提升了用户体验，也带动了整个行业的技术革新。在互联网、人工智能和生物科技等领域，产品经理通过深入研究用户需求和行业发展趋势，催生了许多创新产品。这些产品往往改变了传统行业的运作模式，甚至影响了人们的生活方式。因此，产品经理不仅是一种职业选择，也代表着站在技术前沿，影响未来发展的关键力量。

1.4 成功入行的诀窍

想要做产品经理,我们就要学习用产品经理的思路来解决"如何入行"的问题。

成功入行大概有以下三点:

第一,要看招聘产品经理的公司到底需要什么样的人才。

第二,我们要问问自己能否成为这样的人才。

第三,我们在出手之前找到自己的位置。

1.4.1 产品经理的人才需求

下面有一则产品经理的招聘广告。(本招聘广告系 AI 生成。)

招聘启事:产品经理

公司简介:

[公司名称]是一家领先的科技公司,专注于[具体业务领域,如人工智能、电子商务、金融科技等]。我们致力通过创新解决方案,推动行业进步,目前正处于快速扩张阶段,寻找充满激情和创造力的产品经理加入我们的团队。

职位概述:

作为产品经理,您将负责领导和实施全新产品的开发过程,从市场调研到产品上市。您将与跨职能团队紧密合作,确保产品符合市场需求并优化用户体验。

主要职责:

(1)市场和用户研究:深入理解目标市场和用户需求,进行定期的市场趋势、竞争对手分析及用户反馈调研。

(2)产品规划与战略:制定清晰的产品路线图和策略,确保产品与公司的长期目标一致。

(3)功能定义与设计协作:根据研究成果,定义产品功能和性能要求,与设计团队合作打造直观且功能强大的用户界面。

（4）项目管理：管理产品开发的各个阶段，确保在预定时间内按照预算和质量标准完成。

（5）数据驱动决策：利用数据分析工具，跟踪产品性能并基于数据结果优化产品决策。

（6）协调沟通：作为团队与利益相关者之间的主要联系点，有效沟通产品愿景和进度。

（7）上市支持与产品迭代：支持产品上市过程，协调市场营销和销售团队，收集用户反馈用于产品持续改进。

任职要求：
学士学位以上，计算机科学、市场营销或相关领域优先。
至少3年产品管理经验，有成功推出市场领先产品的经验者优先。
精通敏捷开发和Scrum等项目管理方法。
强大的分析能力和使用数据分析工具的经验。
优秀的沟通能力和团队合作精神。
能够在快节奏的环境中优先排序和处理多任务。

我们提供：
竞争力的薪资和绩效奖金。
广阔的职业发展空间和学习成长机会。
灵活的工作时间和远程工作选项。
充实的员工福利计划，包括健康保险、年假等。

申请方式：
请将您的简历和一封个人陈述信发送至[公司邮箱]。在陈述信中，请说明您对该职位的兴趣以及为何认为自己是合适的候选人。

我们期待有志之士的加入，共同推动[公司名称]向更高目标迈进！

从上述招聘广告中可以看出，公司招聘一名优秀的产品经理需要寻找具备多方面的能力和特质的人。首先，产品经理需要进行市场趋势分析和用户需求调研，这要求产品经理具备强烈的市场洞察力和用户理解能力。在招聘广告中提到产品经理需要有能力制定产品战略和规划，表明公司期望产品经理能在确保产品与公司业务目标一致的同时来规划产品的长远发展，因此产品经理需要具备前瞻性思维和优秀的战略规划能力。

在广告中强调了项目管理能力，要求产品经理必须能够管理复杂的项目，确保在预定的时间和预算内达成预期的质量标准，而这种能力是确保产品按时发布并成功市场化的关键。产品经理还应当具备数据分析工具的能力，以便基于数据进行决策和优化产品的性能，说明公司重视数据驱动的过程，以及产品经理在这一过程中的核心作用。

产品经理需要作为团队与利益相关者之间的桥梁，有效地沟通产品愿景和进展，确保所有团队成员对产品目标和进展有清晰的理解。从这份招聘广告可以看出，公司对产品经理的期待非常高，而这种综合能力的要求表明，公司寻找的是能够在快节奏的环境中有效工作、能够处理和优先考虑多任务的人才。

1.4.2 要不要做产品经理

决定是否成为一名产品经理，首先考虑自己对产品的热情。产品经理的核心工作是围绕产品进行，主要包括对市场的研究、用户需求的分析以及产品设计、开发和上市的全部过程。如果你对尝试和评估各种产品感到兴奋，对解决用户问题充满热情，这表明你具备成为产品经理的重要素质。

产品经理不仅仅是一个职位，更是一个需要深入市场和用户心理的角色。意味着如果你对如何提高产品市场表现、如何增强用户体验抱有浓厚兴趣，那么产品经理这一职业可能非常适合你。然而如果对这些领域的兴趣不够浓厚，可能会发现自己难以应对与产品相关的各种挑战。

作为产品经理，需要具备一定的技术理解力、市场洞察力以及卓越的沟通和团队协作能力。这些技能有助于在日常工作中作出合理决策和高效推动项目进展。如果发现自己在这些领域表现出色，且愿意不断学习和适应新技术，那么产品经理的岗位可以为你提供一个展现自我和实现职业价值的平台。

因此决定是否追求产品经理职业不仅要基于对产品的喜爱，还应考虑自己是否愿意并能够深入了解用户需求和市场动态，以及是否具备与团队紧密合作、共同推动产品成功的能力。如果在这些方面你感到兴奋并能够持续投入，那么产品经理或许是你的理想选择。

1.4.3 找准自己的位置

我们首先可以评估已有的知识结构和资源，从中找到最直接、最高效的切入点。这个过程有时听起来似乎抽象，但实际上却与所处的行业、公司以及个人兴趣紧密相关。由于不同公司的业务模式各不相同，产品经理的职责在其中也会呈现出较大差异。如果你对技术抱有浓厚兴趣，可以考虑进入科技公司担任产品经理，因为在那里，你可以将对软件或硬件的理解转化为更具深度的产品规划，为用户带来真正符合需求的体验。若你对市场趋势与用户行为的洞察更感兴趣，那么消费品或服务行业或许更能让你大展拳脚，把握商业逻辑的同时，也能为用户创造更贴合市场需求的解决方案。

在某些行业中，产品经理的角色与项目经理相当接近，需要处理日常的项目管理和协调任务，确保团队能按时交付结果；可一旦转换到更重视产品规划和路线图设计的行业，产品经理就需要更多地承担战略层面的工作，比如制定产品愿景、规划迭代优先级并进行长期目标的把控。了解并适应这些差异，能帮助我们更好地在产品管理领域找到最适合自己的定位。

即便没有编程或设计方面的专家级技能，产品经理仍需要理解这两个领域的基本概念，以便在与开发人员和设计师沟通时顺畅无碍，并能准确把握他们在执行过程中面临的技术挑战。与此同时，现代产品管理对数据驱动决策的依赖度日益提高，因此掌握数据分析能力显得尤为重要。能够根据数据做出及时且明智的业务判断，往往是一个成功产品经理的制胜关键。

然而，技术和市场都在不断快速迭代，今天行之有效的策略很可能在明天就面临淘汰。正因如此，想要在产品经理岗位上保持竞争力，就要时刻保持对新知识的渴求，积极跟进行业趋势和市场动态。只有通过持续学习与实践，我们才能始终保持敏锐度，及时调整产品方向，进而在多变的环境中稳步前行并牢牢占据自己的一席之地。

1.5 产品经理职业发展的关键阶段

行业内有一句话叫作"产品经理是 CEO 的学前班",产品经理是通向 CEO 的必经之路。那么对于产品经理来说,其职业发展大体上有以下几个关键阶段。

1.5.1 产品助理阶段

大多数初入行的产品经理,通常是从被戏称为"打杂"的角色开始的。这个称呼或许听起来并不显眼,但对于初级产品经理而言,却是成长道路上至关重要的一步。虽然此阶段的任务在整个产品开发过程中往往不属于最紧急或最耀眼的范畴,但正是这些基础性的工作,为今后的职业发展奠定了牢固的基石。

在这个产品助理阶段,主要的着力点并不在宏观战略或重大决策,而是放在对细节的深度观察以及对用户真实需求的把握上。我们常说的产品感觉指的就是对用户行为与心理的敏锐洞察,包括他们在使用产品时会遇到哪些痛点,以及最希望从产品中获得什么样的解决方案。拥有这份敏感度,往往能够让产品经理在后续的产品迭代中保持更灵活、更贴合用户的思考。

同时,为了更好地理解用户的行为模式与偏好,产品助理需要投入大量精力去研究市场,关注现有产品被使用的方式以及用户在使用过程中遭遇的难题。正是在不断捕捉这些常被忽视的市场信号中,初级产品经理会逐渐学会如何用信息来指导未来的产品开发,让产品更紧密地契合用户诉求。

值得注意的是,产品经理并不是一座孤岛,他们需要与设计师、工程师、市场专家等角色紧密协作,共同打造出能真正满足市场需求的产品。通过日常的需求细化和开发进度跟进,初级产品经理既能了解各团队成员的工作方式和思路,也能从实际操作中反复尝试、反复修正。在这个过程中,难免会遇到挫折与失败,但这些真实的挑战恰恰是成长的催化剂。每一次误判、每一个差错,都是提升解决问题能力的机会,帮助初级产品经理在不断的历练中稳步前进,并逐步打磨出更精准的产品决策思维。

1.5.2 产品专员阶段

产品经理的专员阶段在职业发展中具有举足轻重的地位，象征着从初阶助理身份向更具责任感与专业性的角色迈进。在此阶段产品经理不再只执行琐碎任务或为他人提供辅助，而是要对某一产品或产品模块承担更具体的研究与开发职责，工作的自主性和专业需求也随之提升。

为了精准洞察用户的需求，产品经理需要深入研究目标用户群体，从用户访谈到数据分析都要涉猎，并将这些信息转化为可行的产品策略。这不仅仅是一次简单的需求收集，更是一场挖掘用户潜在诉求的过程。在设计特定功能模块时，既要发挥创造力以构思独特的产品亮点，也要充分考虑技术可行性，确保设计能够落地实现。

与此同时与团队其他角色的协作也愈发关键。无论是与 UI、UE 团队讨论界面及交互细节，还是与前后端开发和测试团队协调开发进度，都需要产品经理在沟通和协调上投入更多精力，确保所有人对产品方向和细节达成共识。这个过程并非一味的指令下达与任务执行，而是涉及频繁的沟通、反馈和妥协，以在约定的时间范围内顺利推进项目。

在管理项目进度方面，产品经理也要对从产品概念到正式上线的各个阶段有清晰了解，熟悉设计、开发、测试和市场发布等流程所需的时间和可能出现的阻力，并在面对突发情况时能及时应对和调整。只有这样才能保证项目能够按时完成并满足质量要求。

专员阶段往往被视为产品经理的成熟期，在这一时期，他们需要体现的不仅是专业能力，也包括初步的领导力和更宏观的战略视角。能够在这一阶段为公司带来创新与价值的产品经理，才更有机会在今后承担高级管理或更大范围的产品战略规划，进而在激烈的市场环境中脱颖而出。专员阶段的表现如何，直接决定了个人职业发展的速度和深度，也影响着公司在产品竞争中的地位和成效。

1.5.3 产品主管阶段

当产品经理迈入主管阶段，就意味着进入了职业生涯的高级阶段。他们不再只是完成既定任务或负责特定功能模块，而是要对一条完整的产品线承担全方位的责任，包括产品设计、开发、市场推广以及销售等各个环节。由于所肩负的使命更为重大，如何统筹资源、制定产品策略并确保团队高效协作，就成了这个阶段最重要的挑战。

在这个阶段，产品经理需要拥有更加宏观的视野，通过对市场趋势和用户需求的动态变化进行深入观察，及时调整产品策略。他们不仅要关注产品当前的表现，还要有前瞻性地规划产品未来的发展方向，这一点在竞争激烈、变化迅速的市场环境中尤为关键。另外，随着产品线的扩大，如何在公司内部为自己的产品争取到更多人力、资金、资源和销售渠道，考验着产品主管的沟通协调和资源整合能力。

为了让团队保持持续的战斗力和创新力，产品经理还需要积极培养并指导新人，将自己积累的行业经验、产品知识和管理方法与团队成员分享。这不但能提升团队整体效能，也能营造更加稳定且充满活力的工作氛围。值得注意的是，主管阶段的产品经理与自己所负责的产品几乎是"荣辱与共"的关系：产品的成败与他们的个人职业发展密切挂钩。只有具备足够的责任感与使命感，并在关键决策上保持谨慎与远见，才能让产品在市场上取得竞争优势，也能为公司带来更大的商业回报。

1.5.4 产品经理阶段

当产品经理进入一个更高层次的阶段（产品经理阶段）时，他们所面临的已不仅仅是单一产品线的管理，而是需要在多条产品线上进行统筹与规划。这意味着责任范围被极大地拓宽，也需要他们对各种细分市场、不同用户群体以及多样化使用场景都有更深入的认识与理解。管理多条产品线并非只是单纯地增加工作量，更关键的是如何在不同产品之间进行合理的资源调配和优先级排序，既要确保每条产品线都能根据市场需求与公司战略获得适当的发展，也要在产品之间实现互补与协同。

此时产品经理还需要具备一整套更加成熟的产品方法论，这套方法论应当建立在对产品生命周期与研发周期的深度掌握之上。从产品构思、设计到正式上市的每一个环节，都要有严谨、系统的流程和策略，并在产品上市后持续进行迭代和优化。正因为拥有对市场变化的预见能力和对用户反馈的快速响应能力，产品经理才能保证产品不断与市场需求保持一致，并在竞争激烈的环境中占据优势地位。

在团队管理方面，产品经理的角色也已转变为名副其实的领导者，他们可能需要带领的团队包含产品助理、UI 设计师、用户体验专家、数据分析师以及运营人员等多种专业岗位。要想让每位成员都能发挥最大的潜力，产品经理必须积极营造高效的团队协作氛围，充分利用每个人的专业技能和创新思维。除此之外，还需要对不同岗位的工作流程和专业要求有全面的了解，并懂得如何有效激励团队成员、评估他们的表现与产出。通过设定清晰的目标和完善的反馈机制，产品经理不仅能帮助团队成员不断进步，也能确保团队整体朝着共同的愿景稳步前行。

1.5.5 产品总监阶段

当产品经理步入产品总监阶段，意味着他们已经在市场上成功推出过至少一款极具影响力的产品，从而已经在公司内部和整个行业中树立了重要的地位。这份成功并非偶然，而是源于对市场趋势的深刻洞察、缜密的战略部署以及始终不懈的创新与努力。所谓"成功的产品"，通常指能迅速吸引海量用户、在市场中占据显著份额或位居前列，同时还能为公司带来极高的商业价值。在某些情况下，这样的产品甚至会开辟全新的市场领域，或在现有市场中重新定义用户体验与技术标准。

到了产品总监阶段，产品经理的责任与影响力大幅延伸，不再局限于管理多条产品线，还需要密切关注市场与技术领域的发展动向，以持续保持产品在竞争中的领先地位。如何激励团队探索新思路和新方案，也成为应对市场快速变化的关键。此时的产品经理不仅扮演着团队领导者的角色，也往往是公司和行业的意见领袖。他们通过自己的专业能力影响公司层面的战略决策，并以公开演讲、撰写行业文章等形式，向外界传递公司与产品的核心价值观和未来愿景。尽管在行业中崭露头角往往离不开一定的机遇，但更重要的还是持之以恒的专业积累与不断学习。在产品总监阶段，每一个关键决策都有可能在公司发展历程中留下深刻的影响，因此具备前瞻性的思考和在复杂市场环境中作出明智判断的能力显得尤为重要。只有不断提高专业素养与管理水平，产品总监才能真正带领团队与公司在竞争激烈的市场中稳步前行，并保持持续的创新动力。

1.5.6 公司骨干或股东阶段

当产品经理成长为公司骨干或股东层级时，他们所承担的职责早已超出了传统产品管理的范畴，而是上升到了整个事业部或核心业务单元的管理层面。这意味着他们不仅负责产品开发与创新，也要参与制定市场战略、协调人力资源，并对财务管理等商业运营的方方面面负全责。此时的产品经理往往会成为公司举足轻重的业务负责人，直接影响着公司的商业成败。

此时产品经理需要确保所在事业部在技术和产品层面持续保持领先的同时，还能在商业运营上实现稳健而长久的盈利。因此，在继续关注用户需求、产品迭代的同时，他们更需要熟练掌握财务规划、市场营销以及团队培养等关键管理技能。这些综合能力让他们逐渐从专业的产品角色转变为全方位的业务领导者：既要制定长期战略规划，也要关注业务运作的细节，为各部门提供明确的目标和协调指引，确保每个环节都能朝着统一的方向协同努力。

在这个层面上产品经理不仅需要具备出色的领导能力，通过激励下属和精心构建团队氛围来激发大家的潜能，还需在公司高层中争取资源与支持，为所负责的业务板块开拓更广阔的成长空间。随着职责不断扩大，产品经理在公司内的影响力也日益增强，往往会晋升为核心骨干甚至股东，成为公司合伙人或重要股东之一。这不仅是对他们过去贡献的褒奖，也代表着公司对他们未来潜力的肯定。与此同时，股权的注入使产品经理的个人利益与公司长期发展紧密联系，更能激发他们的责任感与使命感，带领事业部乃至整个公司在竞争激烈的市场环境中稳步前行。

1.5.7 CEO 阶段

当产品经理晋升为 CEO 时，便意味着他们需要从全局出发，统筹产品、营销、销售、财务和人力资源等多个部门，以确保所有团队都能在共同目标的指引下高效协作，并推动公司稳步迈向既定愿景。同时，CEO 还要与董事会和股东保持紧密联系，通过定期汇报和沟通来传达企业运营状况，并在关键的战略决策中听取高层的意见与建议，从而获得更多支持与资源。

身为公司的最高管理者，这位曾经的产品经理还肩负着员工成长与福利的重任。通过营造积极健康的工作氛围，提供恰当的培训和发展机会，CEO 能够帮助团队成员找到更清晰的职业规划，也能显著提高员工满意度和工作效率。这样不仅有利于吸引并留住优秀人才，也能在更宏观的层面提升公司的整体竞争力。

随着企业规模和影响力的不断扩大，CEO 需要承担更广泛的社会责任。这包括严格遵守相关法律法规、积极践行环保与公益理念，并在可能的情况下为社会做出力所能及的贡献。通过履行这些责任，企业不仅能收获正面的公众形象，也能在更广阔的社会环境中展现出积极影响力，为公司的长远发展创造更加稳固的基础。

AI已经逐渐融入我们的日常生活，从简化日常操作的智能家居设备到支撑复杂数据分析与决策的高端系统，都能见到它的身影。它不仅提升了工作效率，也在潜移默化中改变了我们的生活方式，为人类带来前所未有的便利和可能性。

　　在过去的数年间，机器学习技术迎来了突飞猛进的发展，并衍生出一个新兴领域——生成式AI。通过对海量数字化资料进行深度分析，这些生成式AI程序能够自动产出全新的文本、图像、音乐甚至软件代码，以创造性方式满足各行各业需求，让AI在当今社会扮演着越来越重要的角色。

第 2 章
探索生成式 AI

2.1 了解生成式 AI

2.1.1 生成式 AI 的介绍

生成式 AI 是一类致力于创造新内容（例如文本、图片或音乐）的人工智能技术，这些全新的作品在之前并不存在，却能让人感觉宛如出自人类之手。它通过学习海量的现有数据来掌握如何生成与原有风格相似却独具新意的内容。如果一个生成式 AI 模型分析了成千上万首诗歌的样式和结构，它便可以自己创作出风格类似、但完全原创的诗篇。

在技术层面，生成式 AI 通常依赖神经网络——这一模仿人脑运行方式的计算模型能够从庞大的数据中提取并理解错综复杂的模式和信息。让人印象深刻的是，生成式 AI 可以采用无监督学习或半监督学习方法进行训练，这意味着它不一定要依赖事先标记的数据，也能够从未标记的信息中自主地提炼出有价值的知识，因此在处理大规模数据时更高效、更灵活。

简单来说，生成式 AI 就像一个拥有创造性表达能力的机器学习系统。它先从已有信息和样本中汲取灵感，再把这些知识融会贯通，进而创造出同时具备相似特征与新颖创意的内容。

2.1.2 常用的生成式 AI 介绍

使用 AI 工具之前，需要了解下现阶段的 AI 大模型，各个大模型都有其特点，我们可以在日常使用中，针对不同情况使用不同的模型。

1. ChatGPT

ChatGPT 是由 OpenAI 所开发的基于 Transformer 架构下的一个语言模型，其主要功能是用来生成自然对话。在生成式 AI 的领域中，ChatGPT 无疑占有重要的位置。其官网如图 2-1 所示。

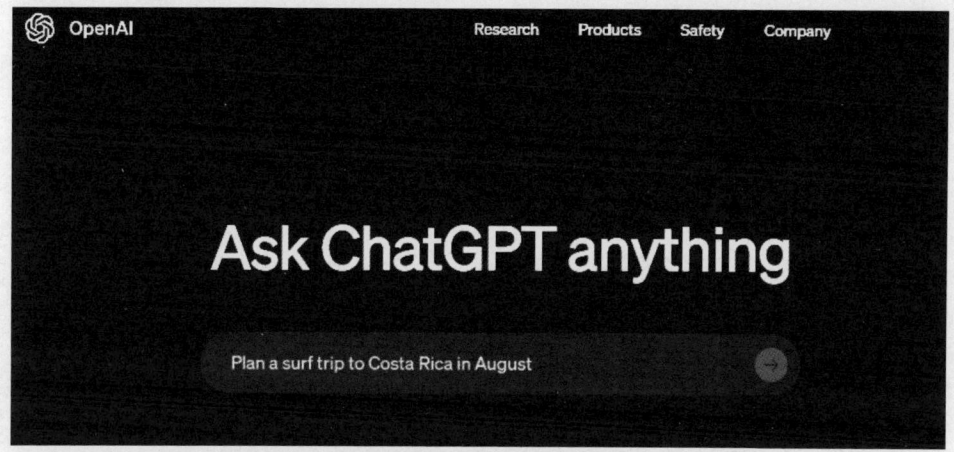

图 2-1 ChatGPT 的官网首页

现阶段的 ChatGPT 可以直接在官网的首页上向 AI 提问。我们询问它什么是生成式 AI，即可跳转到 ChatGPT 的登录页面，如图 2-2 所示。

图 2-2 ChatGPT 的登录页面

可以注册和登录 ChatGPT 的账号，也可以点击下方的"保持注销状态"，随即会跳转到 ChatGPT 的聊天界面，生成 AI 对于"什么是生成式 AI"的解答。

ChatGPT：

生成式AI（Generative AI）是指一种能够通过学习大量数据并生成新的、原创的内容或信息的人工智能技术。与传统的AI模型不同，生成式AI不仅能分析和理解输入的数据，还能创造性地生成新的内容，比如文本、图片、音频、视频等。

生成式AI的核心特征是"生成"，意味着它可以根据输入的提示或条件，生成全新的输出。例如：

（1）文本生成：像我这样的AI（如GPT-3、GPT-4）可以基于给定的提示或问题，生成流畅的文章、对话、故事、代码等文本内容。

（2）图像生成：如DALL·E、MidJourney等AI系统，可以根据描述性文本生成逼真的图像或艺术作品。

（3）音乐与音频生成：AI可以创作音乐、音效或模仿特定的声音，甚至生成逼真的语音。

（4）视频生成：一些生成式AI还可以根据简短的文本或脚本生成视频内容，甚至能合成动画或合成虚拟人物。

生成式AI通常基于深度学习技术，尤其是生成对抗网络（GANs）和变分自编码器（VAEs）等模型。它们通过分析和理解大量的训练数据，学习到如何从噪声中"生成"与数据分布相似的输出。

生成式AI的应用非常广泛，涉及领域包括：

创意产业：如写作、绘画、音乐创作、影视制作等。

教育与培训：自动生成练习题、教材内容，或者个性化学习体验。

医疗领域：生成医学影像、药物分子结构等。

自动化内容创建：如营销文案、社交媒体内容等。

生成式AI的挑战包括确保输出内容的质量、避免偏见和误导信息，以及在道德和法律框架下合理使用这些技术。

ChatGPT的聊天界面，如图2-3所示。

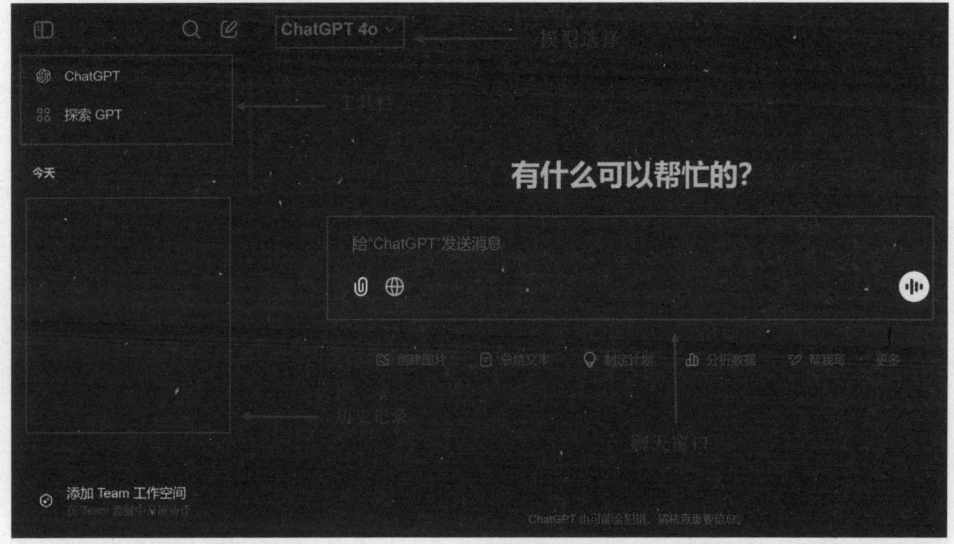

图 2-3 ChatGPT 的聊天界面

如图 2-3，ChatGPT 的聊天界面分为左右两栏：左侧上方为工具栏，下方为聊天记录区。右侧上方为模型选择，现阶段用户可以使用的为：ChatGPT-4o、ChatGPT-4o with canvas（测试版）、o1-preview（高级推理）、o1-mini 等，如图 2-4 所示，需要注意的是，随着生成式 AI 不断更新会出现不同的模型，本书中的界面只代表撰稿时的版本，具体版本可能会有所不同，页面右侧下方为聊天窗口。

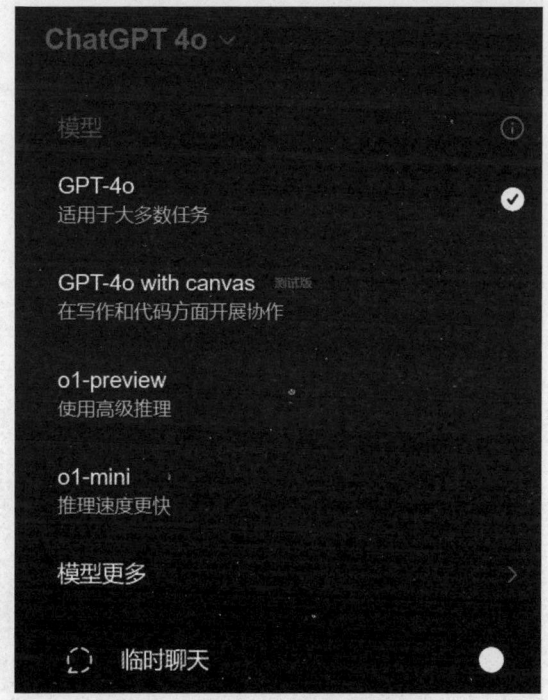

图 2-4 ChatGPT 的不同模型选择

2. 微软的 Copilot

Copilot 是微软公司推出的生成式 AI 工具。在"New Bing"的主页上点击上方的"Copilot"即可进入，如图 2-5 所示。

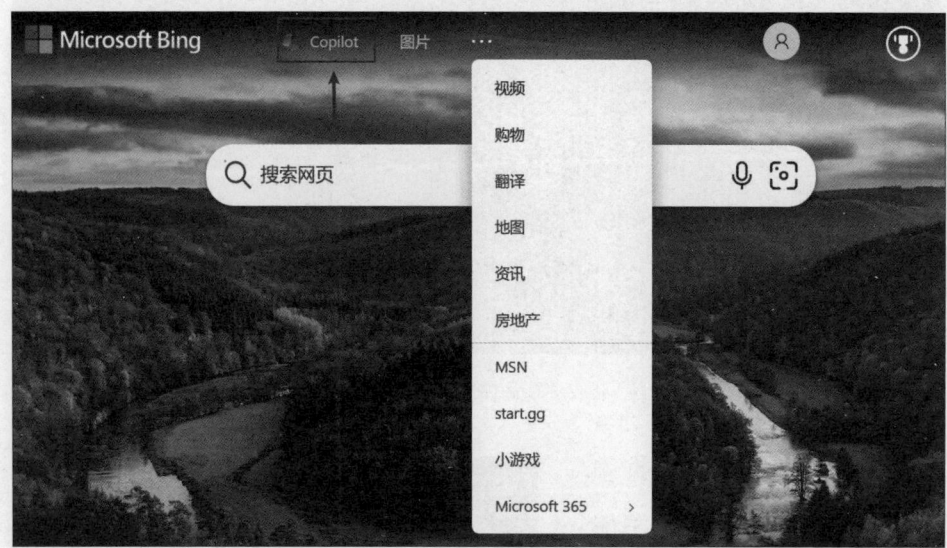

图 2-5 Copilot 的进入方式

点击后会跳转到 Copilot 的主页面，如图 2-6 所示。下方为其聊天窗口。

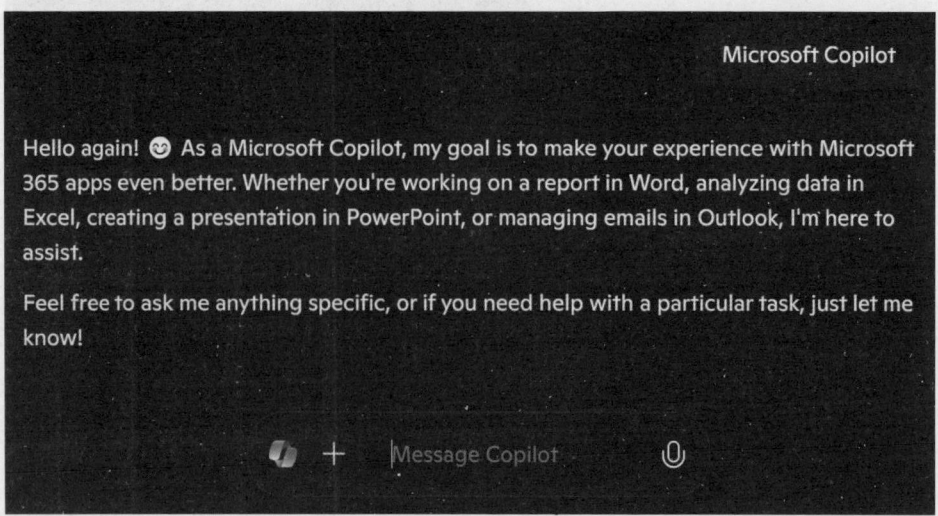

图 2-6 copilot 的主页面

3. 文心大模型

文心大模型的主页面如图 2-7 所示。

图 2-7 文心大模型主页面

点击上方的"产品中心"可以选择其生成式 AI 工具。其中"文心一言"为聊天对话工具,而"文心一格"为生图工具。

(1) 文心一言。

文心一言的聊天界面如图 2-8 所示。

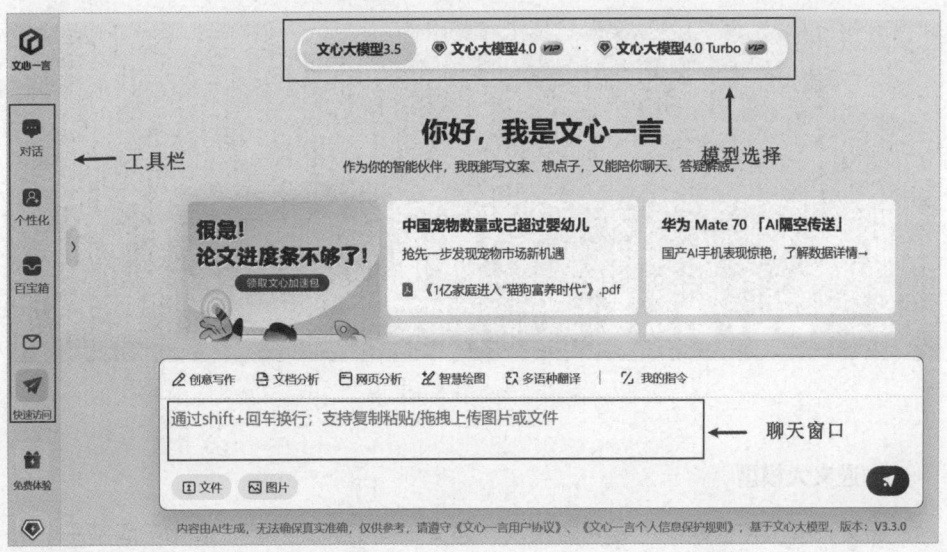

图 2-8 文心一言的聊天界面

左侧为其"工具栏",右侧上方为大模型选择,分为 3.5、4.0 和 4.0 Turbo 三种,需要注意的是,4.0 和 4.0 Turbo 需要开通 VIP 功能。

(2)文心一格。

我们可以使用文心一言的账号来登录文心一格,其主页面如图 2-9 所示。

图 2-9 文心一格主页面

文心一格主页面中,在其上方工具栏中进行各种常用生图模型的切换。点击"AI 创作"可以跳转到 AI 生图的页面,如图 2-10 所示,可以在其中进行如"推荐""自定义""商品图""艺术字""海报"等选择。

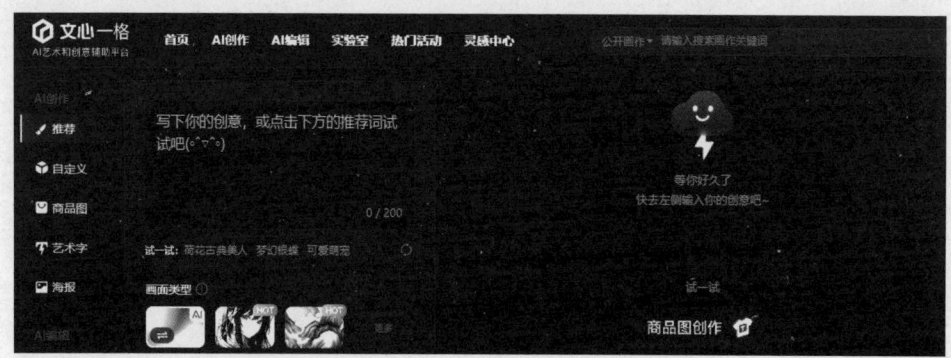

图 2-10 AI 创作生图页面

4. 通义大模型

通义大模型包含两个主要功能模块:通义千问和通义万相。通义千问是一个智能集成助手,旨在帮助用户提升工作效率、优化学习效果,并改善生活品质;而通义万相则是专注于生成图像的 AI 工具，为用户提供便捷的创意视觉支持。

（1）通义千问。

通义千问的主页面如图 2-11 所示。

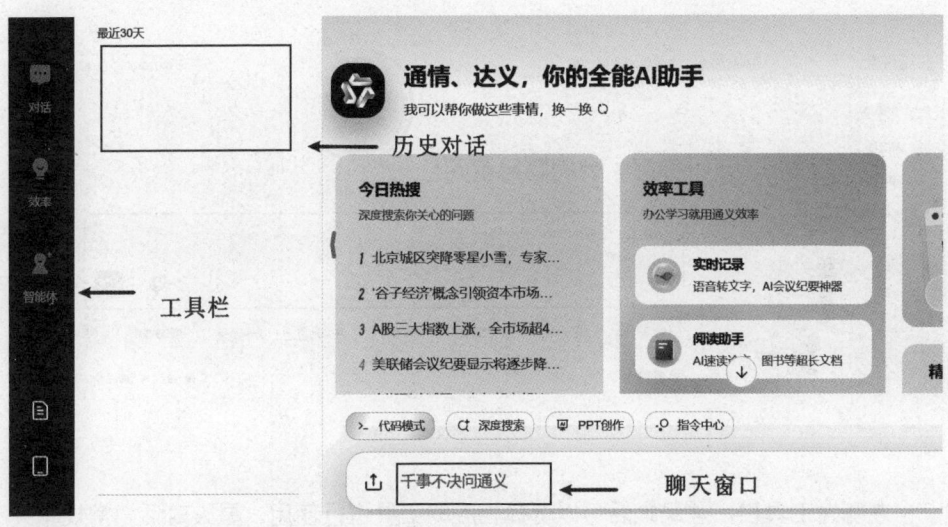

图 2-11 通义千问主页面

左侧为其"工具栏"，中间部分为"历史对话"区域，右侧下方为"聊天窗口"。

（2）通义万相。

可以使用通义千问的账号登录通义万相，通义万相的主页面如图 2-12 所示。通义万相和文心一格类似，为 AI 生图软件。

图 2-12 通义万相主页面

5. 讯飞大模型

讯飞大模型中的讯飞星火主要涉及文本生成、语言理解以及知识问答等内容，其主界面如图 2-13 所示。

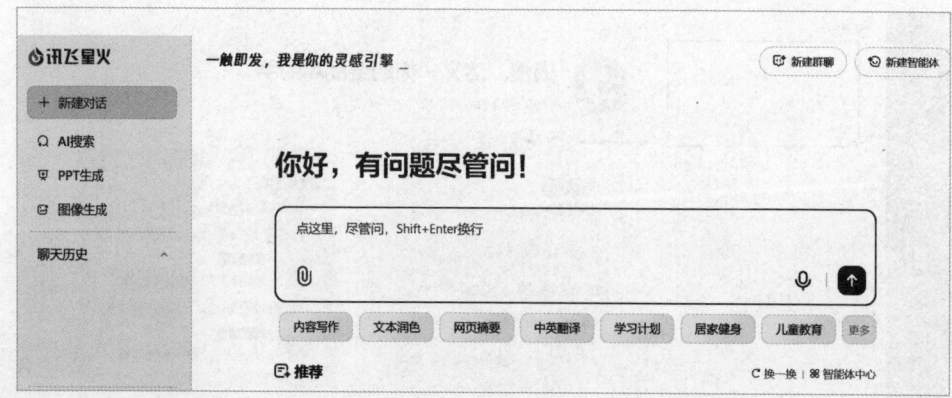

图 2-13 讯飞星火主页面

左侧为工具栏，登录之后可以选择相应的工具进行使用，星火对话为常规聊天界面，讯飞智文则是 PPT 的生成页面，绘画大师是其生图页面，还有讯飞晓医健康医疗咨询等功能。

6. 可灵大模型

可灵大模型的主页面如图 2-14 所示，其功能主要为 AI 图像生成和 AI 视频生成。

图 2-14 可灵主页面

7. 海螺大模型

海螺大模型，主要为文字、视频和音乐 AI 生成，其主页面如图 2-15 所示。

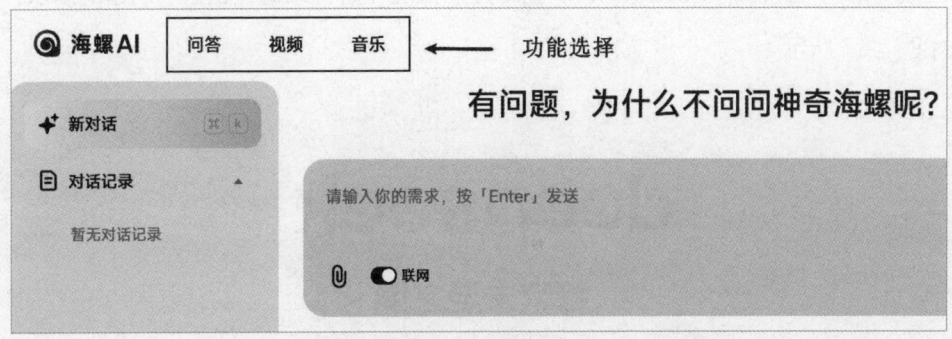

图 2-15 海螺主页面

点击上方"功能选择"中的"视频"即可跳转到 AI"视频"页面，如图 2-16 所示，仅需输入一段非常简单的提示词或是一张图片，就可以生成一段 5 秒左右的视频。

图 2-16 海螺视频生成主页面

人工智能时代，众多语言模型相继出现，各具特色。在产品经理的应用中，可以针对不同的情况来使用不同的生成式 AI。

8. DeepSeek

DeepSeek 现阶段所使用的 V3 版本是一个高效的模型，适用于对话 AI 和内容生成等通用应用。而 DeepSeek R1 则专注于推理任务，如编程和数学问题的解决，如图 2-17 所示。

图 2-17 DeepSeek 主页

其聊天界面如图 2-18 所示。其主要功能有"深度思考"和"联网搜索"功能。

图 2-18 DeepSeek 的聊天界面

我们尝试让其解释"产品经理"的概念，结果如下。

> **问：**
> 请解释产品经理的概念。
>
> **答：**
> 产品经理（Product Manager，简称 PM）是负责产品规划、设计、开发及优化的核心角色，主要职责是确定产品的目标、制定产品策略，并协调跨部门团队（如研发、设计、市场、运营等）推进产品的落地与迭代。产品经理需要深入理解市场需求、用户痛点以及竞争环境，以确保产品能够满足用户需求并在市场上取得成功。

人工智能时代，众多语言模型相继出现，各具特色。在产品经理的应用中，可以针对不同的情况来使用不同的生成式 AI。

2.2 生成式 AI 能帮产品经理干什么

生成式 AI 的崛起被视为一场科技革命,它不仅重塑了技术景观,而且重新定义了产品经理的工作方式。这种先进的技术,能在产品规划、开发到推广的每个阶段发挥重要的作用,大幅提高人们的工作效率和决策质量。

2.2.1 辅助创意和构思

在产品开发初期,创意与构思是关键所在,而生成式 AI 就像一个"创意引擎",能够快速产出丰富的灵感并为产品经理省去许多琐碎的脑力劳动。当产品经理打算打造一款全新的产品或对现有产品进行升级,往往需要投入大量时间进行头脑风暴,从功能、设计到营销策略都要反复推敲和验证。此时,如果借助生成式 AI 的能力,团队就能更迅速地获取多种创意思路。

举个例子,当产品经理提出"我们需要一个既环保又经济的新型便携水杯设计"时,AI 可以基于这个需求生成多种方案,从材料选择、造型设计到功能添加等各方面都能提供创意建议。

问:
假设你是一个产品经理,现在需要一个既环保又经济的新型便捷水杯的设计。请帮我提供多种设计方案。

答:
设计一个既环保又经济的便捷水杯需要考虑到材料的可持续性、用户的便利性以及产品的长期耐用性。以下是几种不同的设计方案,每种方案都包括了材料选择、造型设计和功能创新:

方案一：多功能生物降解水杯

材料选择：

生物降解塑料，如聚乳酸（PLA）：由可再生资源如玉米淀粉制成，使用后可在商业堆肥设施中完全降解。

天然竹盖，增强环保性质。

造型设计：

简约圆柱形设计，便于手握和携带。

透明或半透明杯体，方便查看水量。

功能添加：

内置可折叠的茶隔，适合茶叶和水果的泡制。

杯盖集成小型太阳能板，为内置的温度显示屏供电，实时显示水温。

方案二：不锈钢双层真空保温杯

材料选择：

高品质304不锈钢，耐腐蚀，可循环使用，终生耐用。

食品级硅胶密封圈，确保密封性。

造型设计：

现代感十足的流线型设计，提供多种颜色选项。

双层真空结构，有效保温保冷。

功能添加：

杯底配备可充电的加热元件，通过USB充电，可以加热或保持水温。

杯身侧面带有触控屏，可设置和显示当前水温、饮水提醒等。

方案三：可折叠硅胶水杯

材料选择：

食品级硅胶，安全无毒，轻巧且易于清洗。

PP（聚丙烯）折叠支架，增强杯体支撑。

造型设计：

可折叠设计，空杯时可以压缩至1/3高度，便于携带。

多彩设计，吸引年轻消费者。

功能添加：

杯口设计宽阔，适合加入冰块或清洁。

杯盖内置简易滤网，适用于滤除水中的杂质。

> 方案四：复古陶瓷滤水杯
>
> 材料选择：
>
> 环保陶瓷材料，采用天然矿物质颜料手工上色。
>
> 内嵌有机玻璃制成的滤芯桶。
>
> 造型设计：
>
> 复古风格，手工绘制图案，每只水杯独一无二。
>
> 杯口宽大，便于直接饮用。
>
> 功能添加：
>
> 内置天然炭滤芯，改善水质味道。
>
> 杯身设计有保温层，适合保温饮品。
>
> 每个设计方案都兼顾到了环保性、经济性和便捷性，同时考虑了用户的不同需求和使用场景。这样的水杯不仅实用，也能在日常生活中展示个人品味和环保意识。

可以看到 AI 根据我们的提示为产品经理生成了如上四个方案，产品经理可以通过 AI 所生成的方案，从中选择最具有创新性和市场竞争力的方案，进而提高其工作效率，同时还有可能会激发新的创意。

2.2.2 用户需求分析

理解用户需求是任何成功产品的基础，但要真正抓住用户的核心需求往往并不轻松。以往产品经理需要投入大量时间去分析用户反馈、研究市场趋势，并从繁杂的数据中提炼出有价值的洞察。生成式 AI 的出现改变了这一局面，让原本费时费力的流程更加高效、精准和智能化。

生成式 AI 能够处理海量、来源多样的数据，包括用户在线评论、调查问卷、社交媒体讨论，甚至电子邮件反馈。它不仅可以将这些看似凌乱的信息整合在一起，还能借助自然语言处理技术深入理解用户的情感与诉求。举个例子，如果 AI 发现用户反复提到某个功能"不够方便"，或者某些设计"特别实用"，就能帮助产品经理识别出亟待优化的痛点或潜在机会。同时，AI 还能捕捉一些市场趋势，比如检测到某段时间"环保"相关词汇的出现频率快速攀升，产品经理就可以考虑在即将推出的产品中融入更多环保元素，以更好地满足用户的预期并占得先机。

更值得关注的是，生成式 AI 还能针对不同的用户群体提供精准的需求分析。传统的做法往往需要在前期人为定义用户分组，然后分别研究他们的特点和需求，而 AI 则可以根据年龄、职业、地区等维度，甚至用户的购买行为模式和兴趣偏好来自主完成分组。如此一来，产品经理不仅能打造满足绝大多数用户需求的通用产品，也能为特定人群量身定制更具吸引力的功能或服务，从而在市场竞争中赢得更多优势。

2.2.3 内容生成和优化

在产品推广和营销的过程中，想要用一句话抓住用户的注意力、让他们对产品产生兴趣，往往是成败的关键。生成式 AI 在这一方面的表现堪称惊艳，宛如一位经验丰富的文案专家，它能够根据产品的特点和目标受众的偏好，瞬间生成高质量的推广文案，而且完全不必担心"灵感枯竭"的困扰。假设产品经理想为一款新型智能手表撰写富有吸引力的产品描述，只需要把这款手表的核心亮点和预期人群告诉 AI，AI 就能迅速给出多条创意文案，让用户在最短的时间内对这款智能手表产生好奇心并进一步了解相关细节。

> **问：**
> 假设你是一位产品经理，现在请你为一款新型的智能手表撰写一段吸引用户的产品描述。
>
> **答：**
> "探索智慧生活，从腕间开始！
>
> 这款全新智能手表融合时尚设计与尖端科技，专为追求高效、健康、和自由的你而打造。它支持全天候健康监测，包括心率、血氧、睡眠质量等实时数据，

> 让你对身体状态一目了然。独特的 AI 运动指导功能，为你的每次锻炼提供科学建议，助你更快达成目标。更令人惊喜的是，它拥有超长待机时间，告别频繁充电烦恼，同时具备防水设计，无论是健身房挥汗如雨，还是泳池畅游无忧，都能陪你全程无间断。无论是职场精英还是运动达人，这款智能手表都是你的理想伴侣。智慧腕间，成就非凡！

生成式 AI 能够根据产品的功能特点，迅速生成一段既优美又精准的文案，让用户在最短时间内抓住产品的核心价值。这样的内容不仅通俗易懂，还能有效传递产品卖点，引导潜在用户进一步了解更多细节。更令人欣喜的是，它还能根据不同的目标客群自动调整写作风格。例如，如果面对年轻群体，AI 可能会选用更活泼的字眼，像"潮流搭配必备，健康管理更有型"；而面对注重专业性的受众，则会更多地凸显功能与可靠性的部分，以"精准数据支持，为您提供全面健康解决方案"来打动他们。通过这种灵活多变的表达方式，产品经理得以轻松应对各种市场需求，显著提升宣传效果。

生成式 AI 还能在推广过程中不断优化内容表现。假设某条社交媒体广告的点击量不佳，AI 可以通过分析用户的互动数据，找出问题症结，比如文案的措辞过于复杂或者配图不够吸睛，随后有针对性地进行调整。这样的反复迭代不仅能让营销内容越来越贴合用户兴趣，也能维持他们的持续关注，从而为产品赢得更高的市场认可度与商业回报。

2.2.4 决策支持

产品经理常常面临信息量庞大、决策繁琐的问题，尤其在瞬息万变的市场环境中，一旦判断失误就可能与机会失之交臂。生成式 AI 在此时就像一个兼具冷静和洞察力的高效大脑，帮助产品经理更从容地应对复杂局面，使做出的决策更加科学与明智。

当市场上出现类似产品的价格变动时，AI 能够对其背后的原因进行快速分析，并预测未来的价格走向，让产品经理能及时调整定价策略，既保留一定的利润空间，又有机会赢得更多市场份额。生成式 AI 对竞争对手的动态、用户行为数据以及宏观市场变化也同样敏感，通过对这些信息的整合与挖掘，它能提供更加数据驱动的洞察，为产品经理省去大量调研时间。

在战略层面，生成式 AI 还能为新产品的定位和投放提出精准建议。假设企业计划推出一款全新产品，AI 会根据现有数据评估潜在市场规模、用户接受度以及竞争强度。如果 AI 发现某个细分市场存在不小的增长潜力，又缺少强劲的竞争对手，便会建议产品经理优先入局，将资源集中在最有希望的领域。AI 出色的预测能力还能为产品经理提供多种未来场景模拟，例如在不同市场环境或发布时机下，产品的表现可能会如何变化。

作为产品经理,如何有效利用 AI 工具和技术提升产品开发和管理效率,已成为行业中的新要求。本篇将为产品经理提供一条清晰的入门路径,帮助他们理解 AI 技术的基本概念,以及如何将这些技术应用于日常工作中,从而优化产品的生命周期管理。

用户研究与需求采集是产品设计与优化的核心环节,决定了产品能否准确解决用户痛点以及能否满足市场需求。从需求的定义到用户分析,再到多维度采集方法的实践,AI 不仅优化了传统的用户访谈与问卷调查流程,还为大数据分析、可用性测试及用户画像的构建注入了强大动能。

第二编
如何使用 AI 处理需求端

第 3 章
AI 助力用户研究与需求采集

3.1 用户研究和分析

需求的最初来源就是"从用户中来的",所以要进行需求分析,那就必须要"到用户中去"。

3.1.1 需求是什么

在产品经理的日常工作中,"需求"这个词出现得极为频繁,几乎没有哪个概念能比它更常被提及。简单来说,需求就是一种需要,但它的提出方可能截然不同,从而引发的具体需求也千差万别。

当用户是需求方时,需求自然就是用户需求。用户在无聊或遇到难题时,需要某款产品或服务来解决他们的问题。这种需求通常聚焦在个人体验和使用场景上,为产品的功能设计与优化提供最直接的指引。

当市场扮演需求方时,则形成了市场需求。市场是众多用户需求的集合,往往代表更广泛的人群诉求,可以视为大部分用户的共性期望。要想满足这类需求,通常需要多维度地拓展产品功能或提供多元化服务来适应更大范围的用户需求场景。

而当企业成为需求方时,我们所说的就是商业需求。企业希望通过产品来达成盈利、扩张市场或强化品牌等目标,这就要求产品必须从价值链和商业模式的角度出发,设计出能带来持续收益与成长空间的方案。

最后如果产品本身是需求方,那讨论的则是产品需求。它既包括功能性的部分,比如如何实现具体功能模块,也涵盖非功能性的要素,如性能优化、安全保障和兼容性等。所有这些不同形态的需求相互交织,共同推动着产品从构想到落地,不断完善与进化。

需求的具体表示如图 3-1 所示。

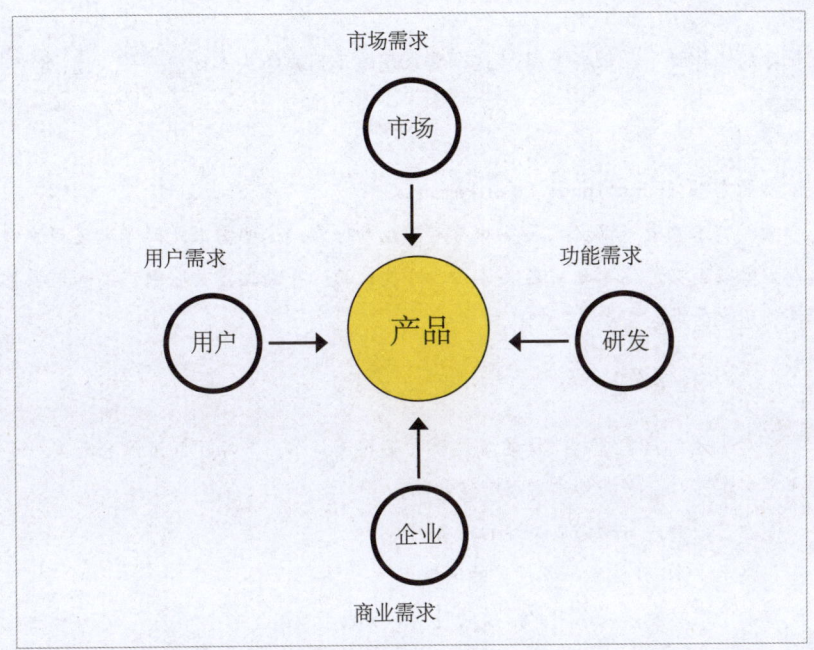

图 3-1 需求的具体表示

从产品经理的角度来说,最常见的是用户需求和功能需求。

> **问:**
> 请列举例子来从产品经理的角度,讲解什么是用户需求、什么是功能需求。
>
> **答:**
> 在讨论产品管理时,用户需求和功能需求是两个基本但非常重要的概念,它们帮助产品团队明确设计和开发产品的方向。这里将从产品经理的角度出发,通过具体例子来阐述这两个概念。
>
> 用户需求(User Requirements):
> 用户需求是指用户希望通过使用产品来解决的问题或满足的需求。这通常是从用户的视角出发,反映了用户的期望、痛点和目标。
>
> 例子:
> 假设我们的目标用户是忙碌的职场人士,他们需要快速准备健康的早餐。在这个情境中,用户需求可能是:"我需要一种快速且健康的早餐选择,以便我能

在忙碌的工作日早晨节省时间。"这个需求反映了用户的基本期望——快速、健康、方便。

功能需求（Functional Requirements）：
功能需求则是产品必须具备的特定功能或行为，这些需求是为了满足用户需求而设计的。功能需求通常是具体的、可度量的，并且直接关联到产品如何操作以满足用户需求。

例子：
针对上述用户需求，"快速且健康的早餐选择"，产品团队可能会开发一个智能早餐机器人，它的功能需求可能包括：
能在 5 分钟内自动完成早餐的准备。
提供至少 10 种健康早餐菜单的选择。
自动清洁功能，减少用户清洁的时间和努力。
在这个例子中，功能需求直接响应了用户的基本需求，每个功能都是为了解决用户的具体问题（时间紧迫和健康饮食）而设计的。

根据 AI 的回答，我们可以得知用户需求通常聚焦在用户想解决什么问题、或期望达成什么目标，往往比较抽象并且以用户为中心。功能需求则更具象化，明确产品需要具备哪些具体功能或行为，才能真正满足这些用户需求。简单来说，用户需求回答了"需要什么"，而功能需求则解决"怎么做"。

3.1.2 为什么会有需求

人们的需求，是在追求更优生活和更高效率、并想获得更舒适状态时所产生的一种内在动力。它可以是最基本的生存需要，例如吃饭、喝水、安全感或住所；也可以是更高层次的需求，比如受教育、社交以及赢得他人的尊重。之所以会产生需求，往往是因为我们渴望改善自身的生活品质并获得幸福与满足感。举个简单的例子，当我们感到饥饿时，就会迫切想要获取食物；当我们觉得孤独时，便会主动寻找朋友或家人来满足社交需求。个人成长、环境变化和社会发展也会让我们的需求随之进化：孩子可能更关注游戏和学习，而对成年人来说，职业成就或家庭幸福往往成为他们所优先考虑的事情。

就比如一个常见的例子，来自两人之间的对话。

> 张三：我想要报名参加烹饪课程。
> 李四：为什么？
> 张三：因为我想自己做饭。
> 李四：为什么？
> 张三：不想吃外卖了。
> 李四：为什么？
> 张三：太贵了且不健康。
> 李四：为什么感觉贵了？
> 张三：因为我开始管理自己的财务了？
> 李四：为什么？
> 张三：因为我要攒钱买房。
> 李四：为什么？
> 张三：因为我要准备组建自己的家庭……

其实这个过程中，我们就可以看出，张三因为要"组建自己的家庭"所以有了需求"攒钱买房"，因为"攒钱买房"的需求而开始"管理自己的财务"。需求的本质，其实就是"问题"，因为有了问题，才有了需求。

作为产品经理，我们都在设法满足用户的需求，实际上就是在解决各种各样的问题。

3.1.3 如何了解用户

用户是来自于各个地方的，每个人有每个人的想法，作为产品经理，是否了解用户,了解用户的需求?

我们假设有一个用户和产品经理的对话如下。

> 用户(李先生)和产品经理(张经理)的对话
>
> ……
>
> 场景:李先生正在一家家电商场浏览空气净化器,张经理上前与他交流。
>
> 张经理:您好,先生,需要帮忙吗?
>
> 李先生:哦,您好。我在看空气净化器,最近想着买一台。
>
> 张经理:好的,我们这边有多款空气净化器可供选择。请问您主要有哪些需求或者考虑呢?
>
> 李先生:其实我家里最近装修完,感觉屋里有点儿味道,特别是孩子最近老咳嗽,我怀疑可能是甲醛超标,所以想买台空气净化器改善一下。
>
> 张经理:明白,新装修的房子确实可能有甲醛等有害气体。除了去除甲醛,您还有其他需求吗?比如说除尘、除菌、静音效果等。
>
> 李先生:对,对,最好还能过滤一下PM2.5,我们这儿空气质量不太好。另外,噪声小一点,因为打算放在卧室里用,别影响孩子睡觉。
>
> 张经理:好的,那我再确认一下,您需要一台能够高效去除甲醛和PM2.5,且运行安静的空气净化器,对吗?
>
> 李先生:是的,另外,操作方便一点儿,最好智能化一些,我平时工作比较忙,没太多时间去调整设置。
>
> 张经理:明白,智能化操作现在也是趋势。那您对于机器的尺寸或者外观有要求吗?
>
> 李先生:尺寸不要太大,我们卧室空间有限。外观简洁大方就行,不需要太花哨。
>
> 张经理:好的。我推荐我们这款型号A1的空气净化器,它采用了高效HEPA滤网和活性炭组合,可以有效去除甲醛和PM2.5。运行时噪声低至25分贝,非常适合卧室使用。并且支持智能App控制,您可以通过手机随时查看空气质量并调整设置。
>
> 李先生:好的。另外,这款机器的能耗怎么样?会不会很费电?
>
> 张经理:您放心,这款空气净化器采用了节能设计,最大功率只有50瓦,长时间使用也不会产生过高的电费。

> 李先生：那还不错。我再考虑一下，回去跟家人商量商量。
> 张经理：当然，您可以先拿一份产品资料回去看看。如果有任何问题，随时可以联系我，这是我的名片。
> 李先生：好的，非常感谢您的耐心讲解。
> 张经理：不客气，希望能帮到您。祝您生活愉快！
> ……

我们可以使用 AI 帮助我们了解这个用户的具体需求，并将其概括为较为简单的几句话，或者几个词语。

> **问：**
> 假设你是一位产品经理，请根据上面的对话内容，为客户李先生整理其具体需求，总结出客户购买空气净化器的点位。
>
> **答：**
> 根据李先生的需求和与张经理的对话，我们可以总结出以下关键点位，帮助我们更好地理解客户在选择空气净化器时的主要考虑因素：
>
> （1）去除甲醛功能：李先生的家中最近完成了装修，屋内可能存在甲醛等有害气体的问题。因此，他特别强调需要一款能有效去除甲醛的空气净化器。
>
> （2）过滤 $PM_{2.5}$：由于居住地区空气质量不佳，李先生希望空气净化器能有效过滤 $PM_{2.5}$，改善室内空气质量。
>
> （3）低噪声设计：由于净化器预计会放置在卧室中，李先生特别强调噪声要低，以免影响家人尤其是孩子的睡眠。
>
> （4）智能化操作：由于工作繁忙，李先生希望空气净化器能智能化操作，方便通过手机等设备远程控制，以便随时调整设置和检查空气质量。

（5）适宜的尺寸和简洁外观：因为卧室空间有限，李先生需要一款尺寸适中、外观简洁大方的空气净化器，以便与室内装饰和谐搭配。

（6）节能性能：李先生也关心空气净化器的能耗问题，希望设备在有效工作的同时，电耗低，不会造成额外的经济负担。

通过上述点位，我们可以更准确地了解李先生的需求，为他推荐符合预期的产品，并提供更加针对性的客户服务和产品介绍。

3.2 需求采集方法

在实际工作中,需要采用哪种用户研究方法,一般取决于资源。如果资源少,其采集方式只能是猜测用户怎么想怎么做。但是当有用户之后就可以采取诸如用户访谈、问卷调查、用户大数据分析、可用性测试和用户画像与市场细分等方法来总结出具体的需求。

3.2.1 用户访谈

用户访谈是一种广泛使用的研究方法,旨在深入了解用户的需求、偏好和真实体验,并掌握他们在使用产品或服务时的情感和想法。通常,这种访谈会通过面对面或在线的一对一对话进行,让研究人员直接倾听用户的声音,并从中提炼出宝贵的见解和反馈。相比那些依赖于大规模问卷或数据分析的研究方式,用户访谈能让产品经理更直观地捕捉用户背后的动机与痛点,从而在设计和开发中真正做到"以用户为中心"。

在具体访谈过程中,研究者会预先准备与调研目标相关的问题。这些问题既可能是开放式的,例如询问用户对某个功能的整体感受,也可能是较为具体的,例如探究用户在使用产品时遇到的特定障碍。通过让用户畅所欲言,研究者能够深入发掘最真实的使用体验与情感需求。访谈所得信息不仅能指引产品的功能改进,还能帮助团队更全面地理解用户的行为模式与决策动机,为后续的产品优化提供可靠依据。

用户访谈的基本步骤如下。

1. 确定目标

明确本次访谈的核心目的,以及需要解决的具体问题,为接下来的设计与分析提供方向。

2. 设计访谈指南

根据调研目标制定一份访谈指南，列出所有重要问题。问题最好保持开放性，以便用户能够充分表达自己的想法。

3. 招募参与者

选择具有代表性的用户进行访谈，这些人可以是目标市场中的典型样本，也可能是特定用户群体，以确保信息的多样性和准确性。

4. 进行访谈

在一个安静、无干扰的环境中与用户进行充分交流，鼓励他们畅谈对产品的真实感受，确保获得更深入、更丰富的反馈。

5. 分析和整理信息

访谈结束后，对收集到的内容进行系统化的整理与归纳，提炼核心见解，用于指导产品设计或改进方向。

用户访谈能够为产品团队带来深度而真实的用户洞察，使设计与功能迭代更能贴合用户的真正需求。尽管这一方法需要投入较多时间和人力，但得到的第一手信息往往是其他研究手段无法替代的，更能为产品的长远发展奠定坚实的用户基础。

使用 AI，创建一个用户访谈的全过程的大纲，帮助我们更好地完成用户访谈，探寻真正的用户需求如下。

> **问：**
>
> 请你作为一位产品经理，为我生成一份用户访谈全过程的大纲，帮我更好地进行需求分析。

答：

当然可以，以下是一份详细的用户访谈过程大纲，这将帮助你作为产品经理进行有效的用户访谈，以收集关键信息和反馈，从而改进产品或服务。

用户访谈过程大纲

（1）准备阶段

目标设定：

明确访谈的目的和目标（了解用户需求、测试新功能、收集产品反馈等）。

制定访谈计划：

设计访谈问题（开放式和封闭式问题）。

选择合适的用户群体。

确定访谈形式（面对面、电话、视频会议等）。

组织与调度：

安排访谈时间并通知参与者。

准备访谈所需的工具和材料（录音设备、笔记本、问卷等）。

（2）开始访谈

开场白：

介绍自己和访谈目的。

确保参与者同意录音或记录笔记。

建立轻松的对话氛围，使参与者感到舒适。

主体访谈：

根据设定的访谈问题进行提问。

采用倾听的技巧，如点头、目光接触、简短的确认语等，以鼓励用户继续分享。

注意观察用户的非言语反应。

（3）深入挖掘

跟进问题：

对于重要或含糊的回答进行追问。

引导用户深入描述他们的体验和感受。

场景模拟：

请用户描述在使用产品时的具体情境。

通过情景模拟来揭示用户的真实需求和潜在问题。

（4）结束访谈
总结主要观点：
简要重述用户提供的关键信息，确认理解无误。
询问额外信息：
提供机会让用户补充他们认为重要的任何其他信息。
感谢参与：
表达感谢并告知后续步骤（如何使用这些信息，后续可能的联系等）。

（5）后续工作
数据整理与分析：
整理和归纳访谈笔记和录音。
分析数据，提取洞察和常见模式。
报告撰写：
撰写详细的访谈报告，包括用户反馈、观察到的问题、推荐的改进措施。
分享与讨论：
与团队分享访谈结果。
讨论如何根据用户反馈调整产品战略和开发计划。

这个过程可以帮助你作为产品经理进行系统化的用户访谈，从而更好地理解用户需求和优化产品设计。

用户访谈还可以邀请产品的用户到某一固定的地点开会，人数大概在几十人到几百人不等，这种会议可以短时间内收集到大量的信息，是一种比较特别的用户访谈形式。这种访谈形式举办机会很少，因此更要充分利用，AI 可以明确的概括出这种会议的具体内容。

问:

假设针对××精华霜,化妆品的公司要开一场用户大会,请你从产品经理的角度帮我撰写这场用户大会的具体细节,其中要包括明确目的、资源确定、现场执行、结束后的总结等内容。

答:

为了有效地组织和执行一场关于"××精华霜"的用户大会,以下是从产品经理角度出发的详细计划,包括会议的目的、资源配置、现场执行和会后总结等关键环节。

(1)明确目的

主要目标:

增强品牌忠诚度,通过直接交流加深用户对××精华霜的信任和满意度。

收集用户反馈,了解产品的效果、使用体验和改进意见。

推广新的产品线或改良配方。

次要目标:

增加产品曝光度,吸引潜在客户。

建立用户社区,鼓励口碑传播。

(2)资源确定

人力资源:

主持人:负责全程指导和控制会议流程。

客服团队:解答用户问题,收集现场反馈。

营销团队:准备市场分析报告,解释产品特性。

技术支持团队:确保所有技术设施正常运行。

物资资源:

会议场地:选择容纳预期人数的会议室或大厅。

影音设备:用于展示产品视频和现场互动。

产品样品:供用户体验和现场演示。

宣传资料:包括产品手册、使用指南等。

财务资源:

确定预算,包括场地租赁、设备租赁、人员费用、餐饮服务等。

(3)现场执行

开场致辞:

简介公司和产品的历史、愿景与价值。

明确活动目的，预告日程安排。
产品展示：
通过视频和现场演示介绍××精华霜的特性和使用方法。
展示产品前后对比案例，增加说服力。
用户互动环节：
邀请现场用户分享使用体验。
开放 Q&A 环节，解答用户疑问。
进行小型调查或投票，收集即时反馈。
专题讨论：
组织几个小组讨论环节，针对产品使用感受、改进意见等进行深入交流。
促销活动：
现场提供限时折扣、抽奖等促销活动，鼓励用户购买或推荐产品。
（4）结束后的总结
数据整理与分析：
收集并整理所有反馈、调查问卷和讨论记录。
分析用户满意度，识别产品强项和改进区域。
内部会议：
召集相关部门，分享会议成果和用户反馈。
讨论基于用户反馈的产品调整或营销策略。
后续跟进：
向参与用户发送感谢信和会议总结。
根据用户提供的联系信息，进行后续的产品更新通知或专属优惠。
通过这样详细的规划和执行，用户大会不仅能增强与用户的联系，还能有效地促进产品的改进和市场推广。

3.2.2 问卷调查

问卷调查属于听用户怎么说，这种调查方法是一种定量研究方法，是获取大量用户数据的有效方式。问卷调查通过精心设计的问题，可以让产品经理了解用户的基本信息、使用习惯以及满意度和改进建议等等。我们可以借助 AI 工具来精心设计一份调查问卷。仍以"XX 精华霜"为例，直接向 AI 提问。

问:

假设你是一位产品经理,现在公司新推出一款"××精华霜",请据此设计一份科学的调查问卷,其中要包括用户基本信息、使用习惯、满意度等内容。

答:

这是一份关于新推出的"××精华霜"的市场调查问卷。通过这份问卷,我们希望了解消费者的基本信息、使用习惯和产品满意度,以便更好地满足市场需求和优化产品。

基本信息

(1) 性别:

[ ] 男

[ ] 女

[ ] 其他

(2) 年龄:

[ ] 18—24 岁

[ ] 25—34 岁

[ ] 35—44 岁

[ ] 45—54 岁

[ ] 55 岁以上

(3) 职业:

[ ] 学生

[ ] 上班族

[ ] 自由职业

[ ] 退休

[ ] 其他

(4) 居住地区:

[ ] 城市

[ ] 郊区

[ ] 乡村

使用习惯

(5) 您是否经常使用护肤品?

[ ] 每天使用

[ ] 每周几次

[ ] 偶尔使用

[ ] 几乎不使用

（6）您通常购买护肤品的渠道是哪些？（可多选）

[ ] 商场专柜

[ ] 网络商城

[ ] 微商／社交媒体

[ ] 直销

[ ] 其他

（7）在选择护肤品时，您最看重的因素是什么？（可多选）

[ ] 品牌

[ ] 价格

[ ] 成分

[ ] 口碑

[ ] 包装设计

[ ] 其他

产品使用体验

（8）您对"××精华霜"的整体满意度如何？

[ ] 非常满意

[ ] 满意

[ ] 一般

[ ] 不满意

[ ] 非常不满意

（9）使用"××精华霜"后，您感觉到了哪些皮肤上的改变？（可多选）

[ ] 皮肤更加滋润

[ ] 皮肤更紧致

[ ] 减少皱纹

[ ] 减少痘痘

[ ] 皮肤更亮白

[ ] 没有明显变化

[ ] 其他

（10）您在使用本产品过程中遇到的问题有哪些？（开放式问题）

_____

其他意见与建议

（11）您对改进"××精华霜"有哪些具体建议？（开放式问题）

通过以上问题的收集和分析，我们可以更深入地了解目标用户群的需求和偏好，进而调整产品策略和营销推广。感谢您的参与和宝贵意见！

通过 AI 设计的调查问卷，可以非常清楚的了解到用户的实际需求，找到共性的需求点。

需要特别留意的是，在问卷调查中若样本量过少，所得结果往往并不足以反映真实的用户倾向。举个例子，如果仅有 5 位受访者参加调查，其中 3 位都选择了 A，那么在报告中宣称 "60% 的用户偏向 A" 就可能会产生较大的偏差，很难代表更广泛的用户群体。

另外针对这份实际的调查问卷，可以使用 AI 进行总结如下。

问：

我一共找 100 个人参与了调查问卷的填写，下面是其调查问卷的数据，请据此总结。

数据如下：

（1）张女士，34 岁，上班族，居住在城市。她每天都会使用护肤品，主要通过网络商城购买。在选择护肤品时，她最看重品牌和成分。对 "××精华霜" 她表示满意，使用后她发现皮肤更紧致和亮白。张女士建议该产品可以增加更多针对油性皮肤的选项。

（2）李先生，45 岁，自由职业者，居住在乡村地区。他每周使用几次护肤品，通常在商场专柜购买。他最关注产品的成分和价格。李先生对 "××精华霜" 的满意度是一般，他没有感觉到明显的皮肤改变，建议产品在说明书中增加更多关于使用效果的详细描述。

（3）王小姐，22 岁，大学生，居住在城市。她偶尔使用护肤品，主要通过网络商城购买。对她来说，包装设计和品牌是选择护肤品时的重要因素。王小姐非常满意"××精华霜"，特别是使用后皮肤变得更加滋润。她建议产品可以设计更多青春活力的包装，吸引年轻消费者。

（4）赵先生，38岁，退休，居住在郊区。他几乎不使用护肤品，只在特殊场合购买，通常选择微商或社交媒体渠道。赵先生在购买时最看重价格。他对"××精华霜"不满意，因为使用后感觉皮肤油腻，建议改进产品的吸收性。

（5）周女士，28岁，自由职业者，居住在城市。她每天使用护肤品，喜欢在网络商城和商场专柜购买。周女士在选择护肤品时最看重品牌和口碑。她对"××精华霜"非常满意，特别是觉得产品有助于减少痘痘和皱纹。周女士建议增加更多针对不同肤质的产品线。

……

答：

基于假设的100组数据，以下是关于"××精华霜"的市场调查问卷分析报告，包括消费者基本信息、使用习惯、产品满意度以及意见和建议的总结。

（1）消费者基本信息分析

性别分布：调查结果显示，女性用户占比45%，男性用户占比45%，选择"其他"性别的用户占比10%，反映出产品对不同性别群体具有广泛的吸引力。

年龄结构：最多的年龄段为25—34岁，占比25%，其次是18—24岁和35—44岁，分别占比20%。这表明主要消费群体集中在年轻和中年人群中。

职业背景：数据显示，上班族和自由职业者是主要的消费者群体，分别占比较大。学生和退休人员也有一定比例，显示产品在各职业群体中有不同程度的接受度。

居住区域：城市居民的比例最高，说明城市市场是主要的销售区域，但郊区和乡村地区也有一定的市场份额。

（2）使用习惯分析

使用频率：每天使用护肤品的用户最多，反映出精华霜在日常护理中的重要性。偶尔使用和每周几次使用的用户也不少，说明部分用户可能更侧重于特定情况下的使用。

购买渠道：网络商城是最受欢迎的购买渠道，其次是商场专柜。这表明线上购物的便利性是影响消费者购买决策的一个重要因素。

重视因素：在选择护肤品时，消费者最看重的是品牌、成分和价格。这说明消费者在关注产品品质的同时，也非常敏感于价格因素。

（3）产品使用体验

满意度：大部分用户对"××精华霜"表示满意或非常满意。有少部分用户感到一般或不满意，可能与个人肤质或期望值有关。

皮肤改变：多数用户报告使用后皮肤更加滋润和紧致。减少皱纹和痘痘也是常见的正面反馈。部分用户未观察到明显变化，表明产品效果可能因人而异。

（4）意见与建议

常见问题：少数用户反映产品价格偏高，或在特定肤质如敏感肌上使用时出现不适。

改进建议：用户建议可以降低价格，改善产品的配方以减少对敏感肌肤的刺激。还有建议提供更详细的产品信息和使用说明，以及扩展更多针对不同肤质的产品线。

结论

本次市场调查为"××精华霜"的市场定位和后续改进提供了宝贵数据。通过分析消费者的基本信息、使用习惯及满意度，我们可以深入了解消费者需求，并针对收集到的建议进行产品优化，以更好地满足市场需求。

这份报告可以用于内部讨论、产品改进和制定更有效的市场策略。如果需要进一步详细的数据分析或定制报告，请随时联系。

3.2.3 用户大数据分析

随着互联网和移动设备的普及，用户产生的数据量呈爆炸式增长。如何有效地处理和分析这些海量数据，成为产品经理面临的重大挑战。AI 在大数据分析中发挥着关键作用。假设现有一些日用品的用户数据如表 3-1 所示。

表 3-1 一些日用品的用户数据

用户 ID	日活跃时长（分钟）	月度购买次数	最近一次购买金额（元）	应用满意度评分	账户注册时长（月）
1	172	8	75	3	55
2	132	5	811	5	49
3	149	8	190	3	44
4	187	4	108	3	27
5	176	7	494	3	47
6	97	6	221	4	13
7	143	3	367	4	26
8	156	5	11	4	28
9	104	4	183	5	25
10	153	7	357	2	54
11	102	9	21	4	43
12	114	4	357	3	37
13	144	3	262	5	52
14	112	7	12	3	6
15	178	3	444	4	39

我们可以使用 AI 工具对上面的用户数据进行分析，由于篇幅限制，本书中仅用 AI 工具生成了 15 条用户数据提供演示过程。

问：

我提供了上面表格中的用户数据，请从产品经理的角度对上述数据进行分析。

答：

从产品经理的角度分析这些用户数据，我们可以关注几个关键方面以优化产品和增强用户体验。下面是针对上述数据的详细分析：

（1）用户活跃度

日活跃时长：日活跃时长对于评估用户对产品的黏着度至关重要。数据显示活跃时长波动较大，表明用户群体在日常使用中差异显著。例如，最低活跃时长为 97 分钟，而最高为 187 分钟。产品经理需要分析那些高活跃用户的共同特点，以便推广至低活跃用户，增加整体用户活跃度。

（2）购买行为

月度购买次数：月度购买次数反映了用户的购买频率，购买频率的分布可帮助识别核心用户和偶然用户。通过增加对核心用户的关注和激励，可以提高用户的忠诚度和生命周期价值。

最近一次购买金额：购买金额可视为用户对产品的投资程度和信任度的体现。高额购买可能表示对产品的高满意度或高依赖性，而低额购买则可能是试用或偶尔使用。产品经理可以根据这一数据点设计更加个性化的营销策略，提高转化率。

（3）用户满意度

应用满意度评分：满意度评分是直接反映用户对产品满意程度的指标。数据显示多数用户的满意度在中等偏上，但也有少部分用户满意度较低。产品经理需要深入分析低分用户的反馈，识别产品潜在的问题或不足，及时进行改进。

（4）用户忠诚度

账户注册时长：用户的注册时长可视为用户对产品的忠诚度和依赖程度的一个间接指标。长期用户的反馈对产品的持续改进尤为重要。产品经理可以考虑针对不同注册时长的用户群体设计差异化的用户维护策略，如为老用户提供更多的回馈和优惠。

建议：

（1）用户分群：根据活跃度、购买行为、满意度和注册时长对用户进行分群，以便进行更有针对性的产品改进和营销活动。

（2）个性化推荐：利用用户的活跃数据和购买历史，通过 AI 算法推荐用户可能感兴趣的产品，提高转化率和用户满意度。

（3）增强用户互动：对于活跃度较低的用户群体，设计更多的互动环节和激励机制，例如游戏化元素或定期的互动活动，以提高用户的参与度和黏性。

通过这些分析和建议，产品经理可以更好地理解用户需求，优化产品功能，提升用户体验，并增强用户的忠诚度。

可以看出，AI能从较为复杂的数据中挖掘出隐藏的问题和关联，同时可以对实时数据进行分析，帮助产品经理及时掌握用户动态。通过大数据分析，产品经理可以进一步从宏观和微观层面全面了解用户需求，进一步支持数据驱动的决策。

3.2.4 可用性测试

可用性测试是一种用户体验研究方法，旨在通过观察真实用户与产品或原型进行交互的过程，发现界面设计中可能存在的可用性问题。它注重从用户的角度出发，以更直观的方式暴露产品设计的不足之处，并帮助团队优化产品的易用性和提升用户满意度。

这类测试通常是定性研究，重点关注用户在执行特定任务时的行为模式、障碍以及真实感受，而不是追求大规模数据所带来的统计效应。一般来说，选取5到8位用户就能有效识别常见的可用性难题，因为许多问题会在不同用户身上反复出现。研究人员会在用户完成操作时保持观察者的角色，记录他们在使用过程中遭遇的各种困惑或错误，并通过引导用户口述操作思路，让问题的根源浮出水面。这一过程需要控制干预，以免对用户行为产生过度影响。

可用性测试的最大价值在于其直接性——它能立刻检验设计是否符合用户预期，并为后续改进提供明确指导。虽然测试的规模不大，但其收获的洞察往往相当深入，尤其适合在产品开发初期进行。在可用性测试中，AI同样可以扮演非常重要的角色。可以使用AI直接生成XX精华霜的可用性测试的方案如下。

××精华霜可用性测试方案

……

测试目标：

（1）评估用户在购买和使用××精华霜时的整体体验。

（2）发现购买流程中的关键可用性问题。

（3）检查包装设计和使用说明是否清晰、直观。

(4)评估用户对产品卖点、广告内容和实际使用效果的理解与满意度。

……

测试对象:

目标群体:25—40岁女性,关注护肤和抗衰老,分为护肤新手和护肤达人。

样本数量:6—8名测试者(3名护肤新手,3名护肤达人,2名随机用户)。

用户特点:熟悉线上购物,有一定护肤品使用经验。

……

测试方式:

(1)线上部分:通过屏幕共享的远程观察记录用户在品牌官网或电商平台的操作。

(2)线下部分:提供产品包装样本,观察用户拆箱、阅读说明并进行试用的过程。

(3)访谈与反馈:每位用户完成任务后填写问卷并参加简短访谈。

……

测试任务:

任务1:购买流程测试

目标:评估用户在品牌官网上完成购买的便利性。

步骤:

(1)打开××精华霜官网,找到适合自己的产品。

(2)查看产品详情页,了解功效、成分和使用方法。

(3)加入购物车,完成下单。

观察点:

用户是否能快速找到所需信息(如功效、价格、促销)。

下单流程是否流畅。

支付过程是否存在困难。

……

任务2:包装与说明测试

目标:检查用户对产品包装和说明的理解度。

步骤:

(1)拿到精华霜的产品包装,尝试打开并使用。

(2)阅读使用说明,按照说明进行首次涂抹。

观察点:

包装设计是否直观、易拆开。

使用说明是否清晰易懂，尤其是适用肤质、用量和使用频率部分。

用户在试用时是否需要额外指导。

……

任务 3：广告与卖点测试

目标：评估用户对广告内容的理解与认同感。

步骤：

（1）观看××精华霜的广告视频或图片。

（2）回答以下问题：

精华霜的主要卖点是什么？

广告是否能激发购买兴趣？为什么？

观察点：

用户是否能准确记住广告中的核心信息。

广告传递的信息是否匹配用户的护肤需求。

……

任务 4：使用体验反馈

目标：了解用户首次使用产品的感受。

步骤：

（1）打开精华霜试用装，涂抹在面部或手背，感受质地和吸收效果。

（2）根据以下问题进行反馈：

质地是否符合预期？

气味、包装和用量指示是否满意？

观察点：

用户是否有任何不适或不理解的地方。

用户对产品首次体验的总体印象。

……

数据收集与分析

数据来源：

（1）行为观察：通过屏幕录制和线下记录用户操作流程。

（2）问卷数据：用户完成测试后填写定量问卷，评分购买和使用体验。

（3）访谈记录：分析用户对产品、广告和购买流程的主观感受。

分析维度

完成每项任务的时间与流畅性。

用户行为路径中的关键卡点。

用户主观满意度和核心意见（按正面、负面分类）。

……

测试工具：

（1）远程观察工具：Zoom/Teams 用于线上购买测试。

（2）数据分析工具：Excel 或数据分析平台用于处理问卷和行为数据。

（3）测试样品：××精华霜实物包装与试用装。

……

测试预期结果

（1）发现问题

包装难以打开、说明模糊等直接可用性问题。

广告内容与用户需求不一致的传达问题。

购买流程中存在的信息缺失或阻碍。

（2）提出优化方向

增加产品详情页中功效对比图表。

简化说明书语言，提高字体可读性。

改进广告风格以更贴近目标用户的情感需求。

……

测试时间：

测试准备：1 周

用户测试：2 天

数据分析与报告：1 周

……

最终输出：

（1）可用性问题列表及对应优先级。

（2）用户测试总结报告，包含关键数据和优化建议。

（3）设计团队可执行的改进方案。

通过以上测试流程，能够全面评估××精华霜在用户购买和使用中的表现，帮助产品团队精准改进设计与推广策略。

3.2.5 用户画像与市场细分

用户画像与市场细分是产品经理制定精准营销策略和规划产品方向的关键一环,而 AI 则为这一过程提供了强大的技术支持。通过整合来自多个渠道的用户数据,AI 能够深入挖掘并提炼出用户的核心特征,构建更加完整的用户画像。接下来利用聚类算法等工具,AI 可以进一步识别用户群体的自然分布和聚合特征,将他们划分为不同的细分市场。借助这些针对性较强的分类结果,产品经理不仅能精准掌握各个群体的需求和偏好,还能据此制定更有效的营销策略和产品功能,真正做到"把合适的内容带给合适的人"。下面提供演示。

假设有一部分用户画像的数据如下。

```
······
用户 A
年龄:29.5 岁
性别:女
职业:幼儿园教师
月收入:8,750 元
教育程度:本科
居住地:北京市朝阳区
家庭成员:3 人(本人、丈夫、1 岁孩子)
使用空气净化器品牌:小米空气净化器 3
使用时长:1 年零 2 个月
购买价格:899 元
使用频率:每天开启 20 小时以上
购买原因:孩子出生后,关注室内空气质量
满意度评分:8.7/10
主要关注点:PM2.5 过滤效果、噪声水平、耗电量
备注:经常通过手机 App 查看空气质量指数,希望产品能有儿童锁功能。
······
用户 B
年龄:45 岁
```

性别：男

职业：公司经理

月收入：22,000 元

教育程度：硕士

居住地：上海市浦东新区

家庭成员：4人（本人、妻子、父母）

使用空气净化器品牌：飞利浦 AC2889

使用时长：2.5 年

购买价格：2,399 元

使用频率：主要在夜间开启，平均每天 10 小时

购买原因：父母有呼吸道疾病，需改善室内空气

满意度评分：9.0/10

主要关注点：过滤过敏原、产品品质、品牌信誉

备注：对更换滤网的成本较为关注，希望滤网寿命更长。

……

用户 C

年龄：23 岁

性别：女

职业：大学研究生在读

月收入：生活费约 3,000 元

教育程度：研究生

居住地：广州市天河区（租房）

家庭成员：与同学合租

使用空气净化器品牌：自购便携式空气净化器，无品牌

使用时长：6 个月

购买价格：299 元

使用频率：上自习时携带，每天约 5 小时

购买原因：学校附近施工，灰尘较大

满意度评分：7.5/10

主要关注点：便携性、价格便宜

备注：觉得净化效果一般，考虑升级产品但受限于预算。

……

用户 D

年龄：38.2 岁

性别：男

职业：自由职业者（设计师）

月收入：约 15,500 元（不固定）

教育程度：本科

居住地：杭州市西湖区

家庭成员：单身，养宠物猫一只

使用空气净化器品牌：戴森 TP04 无叶风扇空气净化器

使用时长：1 年

购买价格：4,990 元

使用频率：全年使用，平均每天 15 小时

购买原因：室内装修后需要净化甲醛，另外宠物毛发过敏

满意度评分：9.3/10

主要关注点：设计感、功能多样性（净化 + 风扇）

备注：对产品的智能操控功能（如语音控制）评价较高。

……

用户 E

年龄：50 岁

性别：女

职业：退休人员

月收入：退休金 5,800 元

教育程度：高中

居住地：重庆市渝中区

家庭成员：与丈夫同住，孩子已成家

使用空气净化器品牌：朋友赠送的品牌，不详

使用时长：3 年

购买价格：不详（礼物）

使用频率：偶尔使用，每周 2—3 次

购买原因：礼物，最初并未意识到需要

满意度评分：6.8/10

主要关注点：操作简单，使用方便

备注：觉得产品功能复杂，使用不便，希望有简化版。

……
用户 F

年龄：33.7 岁

性别：男

职业：互联网公司产品经理

月收入：18,800 元

教育程度：硕士

居住地：深圳市南山区

家庭成员：与妻子、新生儿同住

使用空气净化器品牌：Blueair Classic 480i

使用时长：1 年零 5 个月

购买价格：5,499 元

使用频率：全天候开启

购买原因：妻子怀孕后，为了给家人提供更好的空气质量

满意度评分：9.5/10

主要关注点：高效净化能力、智能家居联动

备注：结合其他智能家电一起使用，期待更多智能功能。

……
用户 G

年龄：27 岁

性别：女

职业：电商主播

月收入：波动较大，平均约 12,000 元

教育程度：大专

居住地：成都市锦江区

家庭成员：单身，独居

使用空气净化器品牌：自己购买的小型桌面空气净化器

使用时长：8 个月

购买价格：199 元

使用频率：主要在直播时使用，每天约 6 小时

购买原因：直播间通风差，需要改善空气

满意度评分：7.0/10

主要关注点：外观时尚、静音效果好

> 备注：对产品的实际净化效果存疑，希望有性价比更高的产品。
> ……
> 用户 H
> 年龄：40.3 岁
> 性别：男
> 职业：工厂技术员
> 月收入：7500 元
> 教育程度：中专
> 居住地：湖北省武汉市郊区
> 家庭成员：本人、妻子、两个孩子
> 使用空气净化器品牌：无名品牌，购于电商平台
> 使用时长：2 年
> 购买价格：599 元
> 使用频率：冬季使用较多，平均每天 5 小时
> 购买原因：雾霾天增多，担心家人健康
> 满意度评分：6.5/10
> 主要关注点：价格实惠、基本净化功能
> 备注：对滤网更换的成本感到负担，曾自行清洗滤网。
> ……

可以使用 AI 工具对上面的用户画像进行详细分析。

> **问：**
> 假设你是一位负责空气净化器产品经理，请根据上面所统计的用户画像，为我生成一份严谨且全面的用户画像的分析报告。
> **答：**
> 空气净化器用户画像分析报告
> 摘要
> 本报告基于收集的 8 位空气净化器用户（用户 A 至用户 H）的画像数据，深入分析了当前市场上空气净化器用户的特征、需求和痛点。通过对用户的基本信

息、消费行为、生活方式和心理特征等方面的综合分析，我们将用户细分为不同的群体，并针对各自的特点提出产品改进和营销策略的建议，以期帮助公司更好地满足市场需求，提升产品竞争力。

随着环境污染和人们健康意识的提高，空气净化器已成为许多家庭的必备电器。然而，市场竞争激烈，用户需求多样化。为了在市场中取得优势，我们需要深入了解目标用户的特征和需求。本报告旨在通过对用户画像的分析，挖掘用户需求，发现产品改进方向，制定有效的营销策略。

数据概述

本次分析的数据来自 8 位不同背景的空气净化器用户，涵盖了年龄、性别、职业、收入、教育程度、居住地、家庭情况、使用品牌、购买价格、使用习惯、满意度评分、主要关注点等信息。

用户特征分析

（1）人口统计特征

年龄分布：用户年龄介于 23 岁至 50 岁之间，平均年龄约为 35.2 岁。

23—30 岁：3 人（用户 C、G、A）

31—40 岁：3 人（用户 D、F、H）

41—50 岁：2 人（用户 B、E）

性别比例：

男性：5 人（用户 B、D、F、H、B）

女性：3 人（用户 A、C、E、G）

教育程度：

本科及以上学历：5 人（用户 A、B、C、D、F）

大专：1 人（用户 G）

中专及以下：2 人（用户 E、H）

职业类型：

白领 / 专业人士：4 人（用户 A、B、D、F）

学生：1 人（用户 C）

自由职业者：1 人（用户 D）

退休人员：1 人（用户 E）

工厂技术员：1 人（用户 H）

电商主播：1 人（用户 G）

家庭构成：

单身 / 独居：3 人（用户 C、D、G）

有配偶/伴侣：5人（用户A、B、E、F、H）

其中有子女的家庭：4人（用户A、B、F、H）

（2）经济状况

月收入分布：

3000元以下：1人（用户C）

3000～10000元：3人（用户A、H、E）

10000～20000元：3人（用户B、D、G）

20000元以上：1人（用户F）

购买价格：

200元以下：1人（用户G, 199元）

200～1000元：2人（用户A, 899元；用户C, 299元）

1000～3000元：2人（用户B, 2399元；用户H, 599元）

3000元以上：2人（用户D, 4990元；用户F, 5499元）

赠品/价格未知：1人（用户E）

（3）消费行为

购买原因：

健康考虑（家人有呼吸道疾病、怀孕、孩子出生等）：5人（用户A、B、F、H、D）

环境因素（空气污染、装修甲醛、施工灰尘）：3人（用户C、D、H）

礼物：1人（用户E）

工作需要：1人（用户G）

使用频率：

每天超过15小时：4人（用户A、D、F、B）

每天5～10小时：3人（用户C、G、H）

每周2～3次：1人（用户E）

满意度评分：

9分以上：2人（用户B, 9.0；用户F, 9.5）

8～9分：1人（用户A, 8.7）

7～8分：2人（用户C, 7.5；用户G, 7.0）

6～7分：2人（用户E, 6.8；用户H, 6.5）

主要关注点：

净化效果（$PM_{2.5}$过滤、过敏原过滤、甲醛净化）：多数用户关注

智能功能（App控制、智能家居联动）：用户A、D、F

操作简便：用户 E、H

价格与性价比：用户 C、G、H

外观设计：用户 D、G

用户细分

细分群体描述

根据以上分析，可将用户细分为以下四个主要群体：

（1）高端品质追求者（用户 B、D、F）

特征：收入较高，教育程度高，注重品牌和产品品质，接受新技术。

需求：高效净化、智能功能、优质服务、外观设计。

购买行为：愿意支付高价购买高端产品，追求生活品质。

（2）健康关注家庭（用户 A、H）

特征：有幼儿或老人，收入中等，重视家人健康。

需求：有效的净化功能（$PM_{2.5}$、过敏原等），操作简便，性价比高。

购买行为：理性消费，关注产品的实际效果和使用便利性。

（3）性价比敏感者（用户 C、G）

特征：年轻人，收入较低或不稳定，预算有限。

需求：价格实惠，满足基本净化需求，外观时尚。

购买行为：价格导向，可能通过电商平台购买性价比高的产品。

（4）传统保守用户（用户 E）

特征：年龄较大，教育程度较低，对新技术接受度低。

需求：操作简单，功能直观，不需要复杂的智能功能。

购买行为：被动接受产品（礼物），使用频率低。

各群体需求与痛点

高端品质追求者

需求：

高效的空气净化能力，包括 $PM_{2.5}$、甲醛、过敏原等。

智能家居联动，支持 App 控制、语音控制等功能。

优雅的外观设计，符合现代审美。

品牌信誉和优质的售后服务。

痛点：

滤网更换成本高，希望滤网寿命更长或有更经济的解决方案。

期望更多创新功能，提升使用体验。

健康关注家庭

需求：

有效改善室内空气质量，保护家人健康。

操作简便，适合家庭成员共同使用。

安全性高，有儿童锁等功能。

痛点：

对产品的耗电量和噪声有顾虑。

希望产品价格适中，具备良好的性价比。

性价比敏感者

需求：

价格实惠，满足基本的空气净化需求。

外观时尚，体积小巧，适合租房或小户型使用。

易于携带或移动。

痛点：

对产品的净化效果存在疑虑，希望有实际效果的证明。

预算有限，但希望获得更高品质的产品。

传统保守用户

需求：

操作简单明了，不需要复杂的设置。

基本的空气净化功能，改善生活环境。

痛点：

对产品功能不熟悉，使用意愿不高。

希望有更直观的产品说明和指导。

产品改进建议

（1）针对高端品质追求者

提升智能功能：开发更智能的控制方式，如语音助手、自动检测并调整净化模式等。

优化滤网设计：研发长寿命滤网，或提供滤网订阅服务，降低用户维护成本。

设计创新：注重产品的外观设计和材质选择，满足用户对美观性的要求。

（2）针对健康关注家庭

加强安全功能：增加儿童锁、防倾倒等安全设计。

降低噪声和耗电量：优化风道设计和电机性能，提供静音和节能模式。

提供健康数据：通过屏幕或App显示室内空气质量，让用户直观了解净化效果。

（3）针对性价比敏感者

推出经济型产品线：保留核心净化功能，简化非必要功能，降低生产成本。

提供升级选项：允许用户根据需要购买附加功能或配件。

加强产品宣传：通过实际案例和数据，证明产品的净化效果。

（4）针对传统保守用户

简化操作界面：采用物理按键，标识清晰，功能简单易懂。

加强售后支持：提供上门安装和使用指导服务。

开展体验活动：通过社区推广，提高产品认知度和使用意愿。

通过对用户画像的深入分析，我们了解到不同用户群体在购买和使用空气净化器时的需求和关注点各有不同。针对这些差异，我们应在产品开发和市场营销中采取差异化的策略，以满足不同用户的需求，提升用户满意度和市场份额。

根据这份全面的用户画像分析报告，可以让 AI 继续将其划分为不同的细分市场，并且识别出用户群体的自然分布，制定净化器的营销策略和产品功能。

问：

假设你是一位净化器的产品经理，请根据上述用户画像报告，识别用户群体的自然分布，并制定相应的营销策略和产品应当具备的具体功能。

答：

用户群体的自然分布及营销策略

根据用户画像分析报告，我们可以将空气净化器的用户分为以下四个主要群体，每个群体的特点和需求不同，这将直接影响我们的营销策略和产品开发方向：

（1）高端品质追求者

群体特征：高收入、高教育程度、重视品牌和产品品质、追求技术先进和设计美观的产品。

营销策略：

使用高端品牌合作和名人代言来强化品牌形象。

在高档购物中心和专业家电商店设置展示和体验区。

利用科技和设计创新大会展示最新技术和产品。

产品功能：

高效 HEPA 过滤系统，可有效去除 PM2.5、甲醛等。

智能家居联动，如与智能音箱兼容的控制功能。

优雅的设计，如无框外观或定制面板。

（2）健康关注家庭

群体特征：有家庭成员（老人或小孩），中等收入，更关心产品的功能性和安全性。

营销策略：

在儿童和老年人健康杂志、节目中投放广告。

在社区中心和学校举办健康空气教育活动。

提供家庭套装优惠，如买一赠一或折扣优惠。

产品功能：

儿童安全锁和防倾倒设计。

易于操作的控制面板，适合所有年龄层使用。

空气质量指示器，实时监测和反馈空气质量。

（3）性价比敏感者

群体特征：年轻用户、收入较低、生活在城市中小型住宅、关注基本净化需求和价格。

营销策略：

在电子商务平台和社交媒体上推广性价比优势。

开展限时折扣活动和团购优惠，吸引价格敏感用户。

通过博客和视频内容强调产品的性价比和基本性能。

产品功能：

基本的净化功能，如活性炭和 HEPA 过滤器。

轻便设计，便于在不同房间之间移动。

能源效率高，降低长期运行成本。

(4) 传统保守用户
群体特征：年龄较大、对技术不敏感、优先考虑产品的易用性和可靠性。
营销策略：
通过传统媒体（如电视和广播）进行广告推广。
在社区老年人活动中心提供产品体验和操作教学。
提供长期保修和上门服务，增加购买信心。
产品功能：
简单的物理按钮操作，避免复杂的触摸屏或 App 控制。
稳定的性能和高可靠性，减少维护需求。
大字体显示屏，清晰显示空气质量和操作状态。

综合营销和产品开发建议

通过上述分析，我们可以针对每个用户群体制定相应的营销策略和产品功能。在实施这些策略时，应考虑以下几点：

跨渠道营销：结合线上线下多种渠道，针对不同用户群体的习惯进行广告投放和活动推广。
用户反馈：积极收集用户反馈，定期调整产品功能和营销策略，确保满足用户的变化需求。
品牌合作：与健康、家居和技术相关的品牌合作，共同推广，扩大市场影响力。
技术创新：不断研发新技术，提高产品的净化效率和用户体验，特别是在智能家居和环保材料使用上下功夫。

需求分析与筛选决定了资源分配与产品功能的优先级。我们探讨了产品经理在需求管理中的核心价值，并通过需求分类整理与关联规则挖掘，揭示需求间的潜在联系与优先顺序。在筛选环节介绍了价值评估模型、资源与成本分析方法，以及风险预测技术，帮助团队在多重限制条件下做出最优选择。AI技术的引入不仅提升了数据处理效率，还为复杂问题提供了智能化解决方案。

第 4 章
AI 提供需求分析与筛选

4.1 需求分析

产品经理经历了前面的过程，收集了用户的各种需求，此时需要对收集到的需求进行分析。需求分析在产品的开发过程中，是产品经理确定产品方向和功能的关键性步骤。

4.1.1 明确产品经理的价值

产品经理的核心价值在于"用产品的方式去解决市场面临的问题"。可以用一个比喻来形象说明：在一家餐厅里，厨师负责烹制美味的菜肴，而产品经理就像是餐厅的菜单策划者。菜单策划者必须了解顾客的口味偏好、最受欢迎的菜式，以及食材的成本效益等信息，然后决定菜单上应该出现哪些菜品，并思考如何组合搭配才能打动顾客。他们还需要与厨师和服务员密切沟通，保证所有人都清楚菜单背后的理念，并能将这些菜肴以最佳方式呈现在顾客面前。

在公司内部，产品经理承担了规划产品特性、设计和功能的重任，目标是让产品更好地满足市场需求、吸引目标受众，并在成本与效益之间达成平衡。通过他们的努力，产品能够在市场上顺利推广，切实解决用户的问题，为企业带来实实在在的商业回报。

这里需要提到两个关键概念——"用户需求"和"市场需求"。如何将用户需求和市场需求之间的差异加以转化，正是需求分析所要解决的核心问题。用户需求指的是用户主观上认为需要的功能或解决方案；而市场需求则是在深入剖析后所找到的真正痛点，并用产品化的方式加以表达与解决。换言之，用户需求更多是用户自我认定的诉求，而市场需求则是经过验证后能够带来商业价值、并且可以用产品去满足和实现的具体方向。

需求分析的目的在于将用户口头或表面上的需求，转化为市场对产品的真正需求。一个经典案例是初代 iPhone，被誉为改变时代的产品。

在推出第一代 iPhone 之前，多数手机用户并没有直接表达想要一部无实体键盘、全触屏的全新智能手机。那时，诺基亚和黑莓等品牌仍以实体键盘作为核心卖点，因为它们认为这正是用户想要和喜欢的功能。然而，苹果团队通过深入研究市场和用户行为，敏锐地发现用户虽然没有明确提出对多功能触屏手机的诉求，但却普遍渴望更方便、直观和富有互动性的设备体验。

具体来说，用户在日常生活中需要使用手机、MP3 播放器、相机等多个设备来完成不同任务，这样的繁琐操作其实说明了一个未被明确表达但却真实存在的需求：将这些功能集中到一个既操作简单又功能强大的设备上。苹果正是抓住了这一潜在渴望，推出了 iPhone，把通话、媒体播放和互联网通讯等功能整合到一台设备里，并以直观、流畅的触屏交互大幅提升了用户体验。

这次产品创新彻底颠覆了智能手机市场，也体现了需求分析在找出"用户心底却未说出口的需求"这一过程中的重要性。正是因为苹果能洞察到用户隐含的渴望，才让 iPhone 大放异彩，成为市场与用户一致认可的颠覆性产品。

我们假设一个例子，来演示如何使用 AI 进行需求分析。可以让 AI 扮演产品经理的角色，让其无视用户所想要的东西，探究其内心真正的渴望，找到用户真正需要的东西。

> 小华上班经常迟到，因为住在郊区，公共交通不方便，所以想买个车。但是因为汽车的购置和维护成本很高，他很犹豫。
>
> **问：**
>
> 请结合上面的情景，扮演产品经理的角色，无视用户需要车的场景，探究其内心真正渴望的东西，找到合适的东西，满足其需求。
>
> **答：**
>
> 在这个场景中，作为产品经理，我们需要深入理解小华的根本需求，即提高上班的效率和可靠性。小华目前的挑战在于郊区的交通不便利性和汽车高昂的购置及维护费用。因此，我们需要找到一个既经济又便利的解决方案。
>
> 首先，可以考虑以下几个方向：

（1）共享交通解决方案：鉴于小华担心成本问题，可以考虑推荐使用共享汽车服务。这种服务通常按小时或按天计费，可以大幅度降低拥有私家车的固定支出（如保险、年检、折旧等），同时能提供相对灵活的使用选择。

（2）电动滑板车或电动自行车：考虑到小华住在郊区，如果他的工作地点不是特别远，可以推荐电动滑板车或电动自行车。这些交通工具购置和维护成本低，且在一定范围内非常适用于解决"最后一公里"的问题。

（3）拼车服务：小华可以考虑使用拼车服务，如拼车 App，这样可以与同路线的人共享车辆，分担费用，既环保又经济。

通过这些解决方案，我们可以帮助小华在不必承担高昂车辆购置和维护费用的情况下，解决上班迟到的问题。这样的方法不仅满足了他的基本通勤需求，还考虑了成本效益，更符合他的实际情况。

4.1.2 需求分类整理

在需求收集阶段，各种用户反馈和需求数据需要被有效地分类和整理。利用 AI 技术，可以自动识别和归类这些信息。AI 模型可以通过文本分析，识别关键词和语义，将需求归入预设的类别中。

（1）用户反馈："昨天购买过程中，支付页面加载非常慢，不知道是不是网络问题。"

（2）客户请求："需要一个可以保存搜索历史的功能，方便下次直接点击购买。"

（3）用户评论："希望能有更多的运动服装选择，尤其是瑜伽裤。"

(4）客户建议："结账的时候能否不用每次都输入验证码？"

(5）用户投诉："商品描述与实际收到的产品不符，退货过程复杂，客服响应慢。"

(6）调查反馈："我通常使用手机 App 购物，但 App 经常崩溃。"

(7）客户需求："希望能够通过语音搜索商品，打字太麻烦。"

(8）用户留言："如果能定期推送优惠信息就好了，我不想错过任何折扣。"

(9）询问信息："如何成为 VIP 会员？有什么特别的优惠吗？"

(10）客户意见："产品页面的图片加载速度需要优化，加载太慢影响购物体验。"

询问 AI，让 AI 根据上面的内容来进行需求分析。

问：

假设你是一位制造衣服的公司的产品经理，捕捉到后台的用户反馈数据如上面的内容，请你对其进行需求分类和整理。

答：

作为一家制造衣服的公司的产品经理，对上述用户反馈数据进行分类和整理是一项关键的任务，以确保我们能够有效地识别和响应客户的需求。以下是对给出的数据进行的需求分类和整理：

技术与性能问题：
（1）页面加载速度
用户反馈："昨天购买过程中，支付页面加载非常慢，不知道是不是网络问题。"

用户反馈:"商品描述与实际收到的产品不符,退货过程复杂,客服响应慢。"

(2)应用稳定性
调查反馈:"我通常使用手机 App 购物,但 App 经常崩溃。"

(3)用户界面优化
用户意见:"产品页面的图片加载速度需要优化,加载太慢影响购物体验。"

功能增强需求:
(1)搜索功能改进
客户请求:"需要一个可以保存搜索历史的功能,方便下次直接点击购买。"
客户需求:"希望能够通过语音搜索商品,打字太麻烦。"

(2)购物流程简化
客户建议:"结账的时候能否不用每次都输入验证码?"

(3)会员及促销
用户留言:"如果能定期推送优惠信息就好了,我不想错过任何折扣。"
询问信息:"如何成为 VIP 会员?有什么特别的优惠吗?"

产品多样性和描述准确性:
(1)产品多样化
用户评论:"希望能有更多的运动服装选择,尤其是瑜伽裤。"

(2)产品描述与实际一致性
用户投诉:"商品描述与实际收到的产品不符,退货过程复杂,客服响应慢。"

通过这种系统化的分类与整理,团队能够迅速找出用户最关注的重点领域,以及需要优化或新增的功能。接下来,制定优先级、规划改进方案,并合理配置资源去解决最迫切的需求,就成为关键工作。这种有条理的梳理方式不仅能让产品开发团队更清晰地把握未来方向,也能显著提高用户的满意度与企业在市场中的竞争力。

4.1.3 关联规则挖掘

利用 AI 挖掘需求之间的关联规则是发现潜在需求和优化产品功能的有效方法。比如针对上面的需求分析，使用 AI 可以很快了解到产品经理需要从哪些方面进行优化。

问：

请结合前面你所分析的需求，充当一位资历深的产品经理来为我进行关联规则的挖掘，给出需要从哪些方面进行优化。

答：

作为一位资深的产品经理，在对用户反馈数据进行分类和整理后，我们可以通过关联规则挖掘来进一步探索不同需求之间的内在联系和潜在的优化方向。下面我将结合分析结果，提出几个关键的优化方向：

（1）综合提升用户体验

页面性能与购物流程优化：数据显示用户对支付页面的加载速度和 App 的稳定性表达了不满。这些技术问题直接影响用户体验和购买意愿。我们应该从技术角度优化网站和 App 的性能，减少崩溃情况，提升页面加载速度。同时，简化购物和结账流程（如减少验证码输入），可以提高用户的购买效率和满意度。

响应式客户服务：从客户反馈中可以看出，用户对产品描述不符合客服响应慢等问题感到不满。需要改进客服流程，加快响应速度，并提供更准确的产品信息以减少退货和投诉。

（2）产品和服务个性化

推送个性化促销信息：用户期望定期接收优惠信息，这表明我们可以通过数据分析用户的购买历史和偏好，推送个性化的促销信息。这不仅能提升用户满意度，还能增加重复购买率。

会员服务优化：有用户询问如何成为 VIP 及其特别优惠，表明用户对会员服务和额外福利感兴趣。可以通过优化 VIP 会员计划，增加更多的会员专属优惠和服务，来提高用户的忠诚度和活跃度。

> （3）功能增强与创新
>
> **语音搜索功能**：用户希望能通过语音搜索商品，这指向了增加语音识别功能的需求。这不仅可以提高用户的便利性，还可以作为一项创新功能，增强市场竞争力。
>
> **保存搜索历史**：增加保存搜索历史的功能可以提高用户再次访问时的便捷性，减少重复劳动，增加用户黏性。

从以上关联规则挖掘的结果来看，改进技术性能、引入个性化服务以及加强功能创新是提升用户体验和增强企业竞争力的核心要素。这些方面的优化不仅能直接提升用户满意度，也能为企业带来更高的收益。随后，产品经理需要围绕这些重点方向制订明确的目标和时间表，并协调相关资源，以确保改进的效率与效果能得到切实的保障。

4.1.4 用户痛点

产品经理在产品的设计时的核心问题应该围绕解决用户的实际问题展开，每一个成功的产品背后都有一个产品经理解决用户的痛点问题。其实用户最终的需求，就是因为这个产品解决了他的痛点。如果一个人饿了，想吃红烧肉，但是这个时候旁边有个人有两个馒头，馒头可以解决饥饿的问题，那么也就是解决了这个人的痛点。

那么关于用户的痛点如何分析，我们提供一个示例进行演示。

> **情景**：用户是一位经常需要通勤的上班族，但所在城市的公共交通经常拥堵且不准时，自己开车又遇到停车难的问题。

针对上面的情景,我们可以看出来此位用户痛点是:通勤时间长、无法掌握具体时间、停车难。看看 AI 如何进行分析并提出解决方案。

问:
假设你是一位产品经理,请对于上面情景来分析用户的痛点,并提出解决方案。

答:
用户痛点分析:

(1)公共交通问题
拥堵:公共交通人流量大,尤其在高峰期,舒适度低,通勤时间不确定。
不准时:公共交通的时间表和实际到达时间不匹配,影响计划性。

(2)自驾问题
停车难:停车场数量不足,或停车费用高,增加了通勤成本。
城市拥堵:开车时间不一定比公共交通快,还需承担高峰期拥堵的压力。

(3)通勤时间成本
无论选择公共交通还是自驾,通勤效率低,时间浪费严重。

(4)心理压力
不确定性(如公交晚点、找不到停车位)加重通勤焦虑,影响工作和生活状态。
……

解决方案设计:

(1)产品定位:智慧通勤助手
提供一站式解决方案,集成多种通勤方式,帮助用户优化通勤体验。

(2)功能模块
实时交通数据整合

提供实时公交到站信息、线路拥堵状况和预测，帮助用户规避拥堵线路。

多模式通勤规划

根据用户需求推荐最优通勤方式（公共交通、自驾、共享单车、步行等）。

提供混合路线选择（如"骑共享单车到地铁站＋地铁到公司"）。

停车位导航与预约

实时显示目的地附近停车场的空位信息，并支持提前预约。

共享交通整合

整合打车平台、共享单车／电动车，提供优惠券或折扣，吸引用户切换通勤方式。

时间和成本优化建议

根据历史通勤数据，分析并推荐更省时省钱的通勤策略。

（3）增值功能

心理减压服务

在通勤时提供音频内容（如冥想音乐、励志播客），减轻通勤压力。

通勤社交圈

为用户搭建一个线上社区，帮助发现附近有相同通勤路线的人以拼车或分享经验。

......

商业模式：

免费版：基本功能如实时公交信息、通勤规划。

高级版（订阅模式）：解锁停车预约、优惠券、无广告体验等高阶服务。

......

效益分析：

对用户：降低通勤焦虑，提高效率和生活质量。

对企业：吸引更多用户下载并持续使用应用，通过增值服务和合作伙伴分成获利。

此解决方案可以有效解决拥堵、停车难和不确定性问题，为用户提供便捷、低成本、高效率的通勤体验。

4.2 需求筛选

需求筛选通常在公司内部展开,往往通过多场产品会议来讨论并确认最终能带来最大价值的"需求点"。这个过程就像在不断地为需求进行"PK",以确保选出的内容最契合产品目标。AI 的加入更是为这一流程提供了巨大助力:它能够协助产品经理快速筛选需求、评估其潜在价值,并显著降低决策风险,让每一次取舍都更加高效和有据可依。

4.2.1 价值评估模型

价值评估是需求筛选的核心环节。产品经理必须找出哪些需求能显著提升产品目标、用户体验和商业收益,但如果完全依赖手工分析,往往会因为效率低且易受主观因素影响而导致决策偏差。借助 AI 的数据驱动方法,团队能够更客观地量化每项需求的潜在价值,从而帮助产品经理更科学地进行筛选。

使用一个例子来进行演示:一家软件即时服务公司需要优化软件的功能,产品经理面临多个需求,有"引入社交媒体整合功能"和"优化数据导入流程"等等,这个时候 AI 可以提供帮助如下。

问:

背景数据:
(1) 用户总数:10,000 名活跃用户。
(2) 调查参与率:60%(即 6,000 名用户参与了调查)。
(3) 反馈分布:
数据导入流程优化:5,400 人希望改善。
社交媒体整合功能:1,800 人希望增加。
……

功能价值评分数据：

数据导入优化功能：

（1）覆盖率：5,400 / 6,000 = 90%。

（2）满意度提升潜力：假设当前满意度为60%，AI预测优化后满意度上升至80%。

满意度提升幅度：80% − 60% = 20%。

（3）开发成本：$50,000。

（4）开发时间：2个月。

（5）潜在收益：AI预测用户流失率降低5%，每减少1%流失率可挽回$20,000损失。

预期收益：5% × $20,000 = $100,000。

社交媒体整合功能：

（1）覆盖率：1,800 / 6,000 = 30%。

（2）满意度提升潜力：假设当前满意度为60%，AI预测新增功能后满意度上升至65%。

满意度提升幅度：65% − 60% = 5%。

（3）开发成本：$80,000。

（4）开发时间：3个月。

（5）潜在收益：AI预测该功能可吸引新客户，新增500名用户，每名用户年均收入$200。

预期收益：500 × $200 = $100,000。

……

价值评分：

数据导入优化：

覆盖率权重：90% × 0.6 = 54分。

满意度提升权重：20% × 0.4 = 8分。

综合得分：54 + 8 = 62分。

社交媒体整合：

覆盖率权重：30% × 0.6 = 18分。

满意度提升权重：5% × 0.4 = 2分。

综合得分：18 + 2 = 20分。

……
假设你是一位产品经理,请根据上面的数据进行详细分析,并提出对产品的优化评估建议。

答:
作为一位产品经理,我根据以上数据进行详细分析,评估每个需求的优先级,并结合资源、时间和商业收益等因素,提出优化建议。
……

需求分析:
(1)数据导入优化功能
覆盖用户比例:
数据导入优化的覆盖率高达90%,即10,000活跃用户中有9,000人对该功能的改善有直接需求。
此功能对大多数用户的工作流程有重要影响,是高频使用场景。
用户满意度提升潜力:
优化后预计满意度从60%提升至80%,有20%的增长空间。
高满意度不仅能提高用户留存,还能增强用户对产品的信任和忠诚度。
资源与成本:
开发成本为$50,000,时间为2个月,属于中低投入的需求。
AI预测降低5%的用户流失率,挽回收入$100,000,ROI为100%。
额外价值:
用户工作效率提高有助于提升口碑效应,潜在增加的推荐用户难以量化,但实际价值不容忽视。
(2)社交媒体整合功能
覆盖用户比例:
该功能覆盖率仅为30%,即10,000活跃用户中只有3,000人明确表示需要。
这类功能通常对某些行业的用户更具吸引力,但无法直接服务多数现有客户。
用户满意度提升潜力:
满意度提升幅度为5%,从60%升至65%,增长空间有限。
即便该功能上线,对整体满意度的改善效果有限。
资源与成本:
开发成本为$80,000,时间为3个月,投入较高。

尽管可能吸引 500 名新增用户,预期年收入仅为 $100,000,与投入成本基本持平,ROI 相对较低。

额外价值:

该功能可能提升产品的市场竞争力,吸引新客户,但在现有用户群中的需求不够普遍。

……

产品优化评估建议:

根据以上数据分析,我的优化评估建议如下:

(1) 优先开发数据导入优化功能

理由:

覆盖率高达 90%,能直接影响大多数用户。

用户满意度提升幅度高(20%),对用户体验的改善效果显著。

开发成本较低($50,000),开发周期短(2 个月),投入产出比极高。

短期内降低用户流失率(5%),挽回 $100,000 收入。

实施计划:

在第一阶段集中开发数据导入优化功能。

与用户沟通,宣传改进后的功能点,通过用户反馈进一步优化。

(2) 分阶段规划社交媒体整合功能

理由:

尽管覆盖率和满意度提升幅度较低,但对部分用户(如市场营销行业)可能是核心需求。

功能有助于拓展新用户市场,增强产品竞争力。

实施计划:

将社交媒体整合列为次优先级需求,推迟到数据导入优化功能完成后开发。

在此期间,调查目标用户群体,明确整合的优先平台。

采用 MVP(最小化可行产品)模式,先推出部分平台的整合功能,并逐步扩展。

(3) 资源优化与风险管控

资源分配:

将当前团队的大部分资源(开发和测试)优先用于数据导入优化功能。

在社交媒体整合开发前,确保团队积累充分的技术能力,减少风险。

风险管控：

数据导入优化的主要风险在于复杂流程可能被低估。建议提前进行技术评估，确保开发周期可控。

社交媒体整合需关注第三方 API 的稳定性和用户隐私合规性，避免后续维护问题。

......

整体优化策略：

（1）短期目标：提升现有用户体验

优先上线高覆盖率、高满意度的功能，如数据导入优化功能，稳定用户群体。

（2）中长期目标：拓展新市场

针对特定行业用户需求开发创新功能（如社交媒体整合），增强产品市场竞争力。

（3）持续优化

借助 AI 持续监测用户反馈和功能使用数据，动态调整需求优先级。

通过上述分析，可以得出结论：优先开发数据导入优化功能，确保高覆盖率和高满意度提升；分阶段规划社交媒体整合功能，关注潜在新市场的开发。AI 辅助的价值评估模型为决策提供了清晰的数据支持，确保资源投入能够最大化产出，为软件的长期成功打下坚实基础。

4.2.2 资源和成本分析

评估需求时,资源和成本是必须考虑的因素。高价值需求若耗费资源过多,可能会降低其实际优先级。AI 可以精准地预测需求的资源消耗与开发成本,帮助产品经理做出平衡决策。

案例背景:

某电商平台计划通过新增功能提升用户体验,以抢占更多市场份额。当前,公司需要在两个需求中进行取舍:

需求 A:开发一个"智能商品推荐系统",提升用户购物效率和满意度。

需求 B:增加"订单拆分功能",优化物流流程,满足用户对多地配送的需求。

具体需求描述:

需求 A:智能商品推荐系统

功能描述:通过 AI 算法分析用户的浏览、搜索及购买历史,精准推荐商品。

资源需求:

开发人员:6 人

开发周期:6 个月

技术挑战:高,需要构建并训练推荐模型,涉及数据清洗、算法开发及后续优化。

预期收益:用户购买转化率提升 5%,预计带来每年额外收入 500 万美元。

需求 B:订单拆分功能

功能描述:允许用户将同一订单中的商品发往不同地址,提升用户体验。

资源需求:

开发人员:3 人

开发周期:2 个月

技术挑战:中,需对订单系统进行部分重构,确保多仓库协同处理。

预期收益:用户满意度提升,平台流失率减少,预计每年带来新增收入 100 万美元。

问:

请根据上面所提供的案例,分析上面两种需求的资源分配、开发周期、技术难度、预期收入增长和 ROI(投资回报率)。

答:

```python
import pandas as pd

# Define the data for the two demands
data = {
    "Demand": ["Smart Product Recommendation System", "Order Split Functionality"],
    "Development_Team_Size": [6, 3],
    "Development_Duration_Months": [6, 2],
    "Technical_Challenge_Level": ["High", "Medium"],
    "Annual_Revenue_Increment_Million_USD": [5, 1],
    "Estimated_Cost_Million_USD": [1.2, 0.4],  # Estimated cost for development and operational efforts
}

# Convert to DataFrame
df = pd.DataFrame(data)

# Calculate ROI for each demand
df["ROI"] = df["Annual_Revenue_Increment_Million_USD"] / df["Estimated_Cost_Million_USD"]

# Sort by ROI
df_sorted = df.sort_values(by="ROI", ascending=False)

import ace_tools as tools; tools.display_dataframe_to_user(name="AI-Assisted Demand and Cost Analysis", dataframe=df_sorted)
```

根据案例分析表,以下是具体结论:

结论与建议

（1）ROI（投资回报率）分析

智能商品推荐系统的ROI为4.17，高于订单拆分功能的ROI（2.50）。这表明，尽管推荐系统的开发成本和周期较长，但其每单位投入所产生的收益更高。

订单拆分功能的ROI相对较低，适合资源有限或短期内需要快速见效的情况。

（2）资源与开发时间

推荐系统需要6名开发人员和6个月开发周期，适合在资源充裕且目标是实现长期收益的情况下优先实施。

订单拆分功能仅需3名开发人员和2个月开发时间，适合快速提升用户体验，解决特定物流问题。

（3）技术难度

推荐系统的技术难度较高，涉及AI模型开发、数据处理和优化，需要经验丰富的团队。

订单拆分功能的技术难度相对中等，更多是系统重构和流程优化。

（4）预期收益

推荐系统的年收入增长潜力为500万美元，显著高于订单拆分功能（100万美元），长期来看其经济效益更为显著。

……

实施建议

若资源充足且目标是长期收益，建议优先实施智能商品推荐系统，因为其ROI高，收益潜力大。

若当前资源有限或需要快速见效，可优先实施订单拆分功能，以快速提升用户体验和满意度，解决短期物流痛点。

最终决策应结合企业的战略目标和资源现状。若条件允许，也可以考虑分阶段实施，先完成订单拆分功能，再启动推荐系统开发。

4.2.3 风险预测

在实施每个需求的过程中,都可能面临技术难关、用户认可度不足或市场反应不理想等潜在风险。通过基于历史数据的建模,AI 能够对这些风险进行预判,并给出相应的管理建议,帮助产品经理及早识别并应对可能的挑战。

问:

案例:某电商平台计划推出"智能退货原因分析"功能

某大型电商平台为了提升用户退货体验,计划推出"智能退货原因分析"功能。该功能利用 AI 分析用户退货申请中的文字、图片和数据,自动判断退货原因(例如质量问题、不符合预期、物流延迟等),并生成针对性解决方案(例如提供优惠券、更快退款、改进物流服务)。

假设你是一位产品经理,请根据上面的案例来分析在这个案例中需求实施的风险。

答:

风险分析及具体结论:

(1)技术风险

问题描述:

AI 模型复杂性:需要开发精准的自然语言处理(NLP)模型分析用户退货申请文字,同时结合图像识别处理图片内容,技术难度较高。

多模态数据处理:不同用户提交的数据格式(文本、图片、结构化数据)多样,模型需要高兼容性。

数据不足或偏差:如果历史退货原因数据量不足,可能导致模型无法正确学习。数据标签不规范或偏差会进一步降低模型的预测准确性。

具体结论:

需要投入更多资源构建和训练 AI 模型,并可能引入外部专业支持。

在功能开发初期,需使用部分标签质量高的历史数据进行训练,并通过人工验证结果准确性。

先以文字分析为主,图像分析作为补充,逐步完善技术框架。

……

（2）市场风险

问题描述：

用户信任问题：用户可能质疑 AI 判断的准确性，尤其在敏感问题（如产品质量缺陷）上，认为其难以替代人工。

用户反馈接受度低：如果 AI 生成的退货解决方案未能真正解决用户问题，可能造成更多投诉或负面评价。

具体结论：

在产品上线初期，明确告知用户 AI 结果为"辅助性意见"，并提供人工复核选项，增强用户信任。

设置用户反馈机制，让用户评价 AI 建议的有效性，以持续改进模型。

......

（3）数据隐私与安全风险

问题描述：

隐私担忧：用户上传退货申请时可能涉及敏感信息（如商品外观、用户照片等），若数据存储或使用不当可能引发法律风险。

- 数据泄露风险 平台需确保分析模型对用户数据处理的安全性。

扩大功能覆盖范围，避免过快推广带来的运营压力。

......

综合建议：

（1）技术开发阶段： 以文字分析为重点，逐步引入图片分析，并优先解决多模态数据兼容性问题。

（2）市场推广策略： 强调功能为用户提供"更快速的退货处理辅助工具"，并保留人工客服选项。

（3）风险控制机制： 定期审查数据隐私与模型性能，确保用户信任度与功能准确性。

（4）逐步上线计划： 在高活跃度用户群中测试功能效果，优化后逐步推广到全平台。

没有任何产品是完美的,每一件产品都要经过反反复复的需求采集、需求分析、需求筛选的过程来进行不断的进化,在进化的过程中需求会越来越多。作为产品经理,就是要在资源有限的前提下,找到最有价值的需求,因此对于需求的管理尤其重要。

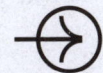

第 5 章
用 AI 来进行
需求管理

5.1 需求数据整理

在需求管理过程中，可以将之前所收集到的数据如用户反馈、调查问卷以及线上的评论等的原始数据进行分类和清洗。通过 AI 可以方便快速地进行整理，如下我们虚拟一组数据提供演示。

（1）评论

"登录界面看着挺简洁，但是不知道为啥输入密码的时候卡了半天，体验有点差。希望可以优化一下。"

（2）评论

"整个操作还不错，就是这个搜索功能没法按时间排序，找东西不太方便，能加个筛选吗？"

（3）调查问卷反馈

"这个功能用了几次，感觉很实用，但能不能加一个自动保存？有时候退出了发现之前填的都没了。"

（4）评论

"页面设计确实挺好看，但是颜色对比太弱了，看久了眼睛有点累，建议增加一个高对比度模式。"

（5）调查问卷反馈

"我觉得你们这个功能对我完全没用，我的需求根本不在这上面，希望以后能多考虑不同用户的实际需求。"

（6）评论

"更新后有几个地方都不灵了，特别是那个编辑按钮，按了没反应，这种 bug 赶紧修复吧！"

(7) 评论

"我是第一次用你们的产品,感觉整体上手难度不大,但是帮助文档有点过时,很多地方对不上。"

(8) 调查问卷反馈

"非常好用的工具,尤其是最近新增的提醒功能,但还是希望提醒时间可以更灵活一些。"

(9) 评论

"总体还不错,但希望能推出一个网页版,手机上打字效率还是不如电脑快。"

(10) 调查问卷反馈

"一直很喜欢用你们的产品,但最近发现推送的广告越来越多,有点影响体验,能不能少一点广告?"

我们可以使用 AI,让其对这些数据进行整理,归纳出上述 10 个用户的特点。

问:

假设你是一位产品经理,提供了 10 个用户的评论或反馈情况,请根据上面的具体情况,分析并总结出特点。

答:

分析与总结:

通过对 10 条用户评论或反馈的分析,可以提炼出以下特点:

……

(1) 用户体验问题占比较大

用户多次提到 操作卡顿、颜色对比问题、高对比度模式缺失 等用户体验上的不足。

例如:"输入密码时卡顿""颜色对比太弱,看久了眼睛累"。

特征：

用户对系统流畅性和视觉设计有较高要求。

用户希望操作更直观和舒适。

......

（2）功能优化需求集中

多个用户反馈对现有功能存在改进期望，如增加 筛选功能、自动保存 和提醒灵活性。

例如："搜索功能无法按时间排序""提醒时间不够灵活"。

特征：

功能虽实用，但设计和细节缺乏用户定制化选项。

功能扩展与优化需求频繁出现。

......

（3）新增功能需求明确

用户希望看到更完善的产品形态，例如 网页版 和 高对比度模式。

例如："希望能推出一个网页版""增加高对比度模式"。

特征：

部分需求与场景化应用密切相关（如 PC 操作效率较高）。

用户对适配性有较高期待。

......

（4）Bug 和文档问题显著

用户提到 编辑按钮无反应、帮助文档对不上 等问题。

例如："编辑按钮按了没反应""帮助文档有点过时"。

特征：

Bug 和文档问题直接影响用户体验。

现有文档支持不及时，难以匹配更新节奏。

......

（5）广告对用户体验的干扰

广告频次增加引发用户不满。

例如："推送的广告越来越多，影响体验"。

特征：

用户对广告敏感度较高，尤其是高频干扰的广告形式。

......

具体建议：

基于以上分析，提出以下改进方向和措施：

……

（1）优化用户体验

技术优化：提升系统性能，解决卡顿问题，特别是登录界面和交互环节。

视觉改进：新增高对比度模式，并优化现有配色方案。

优先级：高

预期效果：增强用户的主观体验感，减少视觉和交互疲劳。

……

（2）强化功能细节

筛选与排序：为搜索功能添加按时间、类别等多维筛选和排序功能。

增强提醒功能：允许用户设置更灵活的提醒时间（如自定义间隔、重复提醒）。

自动保存：为表单和编辑类功能提供自动保存机制，防止数据丢失。

优先级：中高

预期效果：提升功能的实用性和用户满意度。

……

（3）推出新功能

多平台适配：开发网页版，满足部分用户在 PC 端高效操作的需求。

- 定制化功能：根据用户反馈，持续挖掘新功能需求，如多语言支持。

优先级：中

预期效果：扩展适用场景，吸引更多潜在用户。

……

（4）快速修复 Bug，更新文档

Bug 修复：优先解决反馈中提到的编辑按钮无反映问题，并提升整体测试覆盖率。

文档更新：确保帮助文档与最新版本同步，增加用户上手时的操作指引。

优先级：高

预期效果：降低用户因 Bug 和不匹配文档导致的困惑。

……

（5）改善广告策略

减少广告推送频率，转为更智能的推荐机制（基于用户行为分析）。

提供付费去广告选项，满足部分用户需求。

> 优先级：中
> 预期效果：减少用户反感情绪，平衡商业化和体验之间的矛盾。
> ……
> 总结：
> 通过优化体验、强化功能、推出新功能、修复问题和改进广告策略，可以有效满足用户需求，增强产品竞争力，并提升用户满意度与忠诚度。

AI 总结内容条理清晰，精准捕捉了用户反馈的核心问题和需求，提供的建议具有很强的可操作性。AI 的分析比较全面，覆盖了用户体验、功能优化、新功能开发等多个关键领域，为改进产品提供了清晰的方向。

5.2 需求数据生成表格

在需求管理的过程中，常常需要将用户反馈和需求数据转化为结构化的表格，这项工作可以借助 AI 技术来完成，而 Python 及其丰富的库正是理想的工具。基本实现思路如下：先通过自然语言处理（NLP）工具（如 spaCy）从用户反馈文本中提取关键信息，如需求类别和情感倾向；接着，利用 Python 的 Pandas 库将这些分析结果整合为包含反馈文本、分类和情感分析等字段的 DataFrame；最后，借助 Pandas 的 'to_excel' 方法将表格内容导出为 Excel 文件，最终形成一份清晰易读的需求表格。这样一来，从最初的文本数据到最终的表格化输出，全流程实现自动化，大幅提升了需求管理的效率。

我们假设有如下一组数据。

(1) 用户 ID：U123

时间戳：2024-11-28 10:23

渠道：App 评论

反馈内容：加载页面速度太慢了，希望能优化。

(2) 用户 ID：U124

时间戳：2024-11-28 11:15

渠道：客服记录

反馈内容：按钮太小了，我经常点错，希望可以改进设计。

(3) 用户 ID：U125

时间戳：2024-11-28 12:03

渠道：社交媒体

反馈内容：很喜欢新功能，但偶尔会崩溃，希望修复这个问题。

(4) 用户 ID：U126

时间戳：2024-11-28 12:45

渠道：App 评论

反馈内容：搜索功能太差，经常找不到东西，急需改进。

(5) 用户 ID：U127

时间戳：2024-11-28 13:12

渠道：客服记录

反馈内容：整体体验很好，但新手引导不够清晰，需要改进。

其代码的演示过程如下。

```python
import pandas as pd
import spacy

# 加载 NLP 模型
nlp = spacy.load("zh_core_web_sm")

# 定义处理函数
def analyze_feedback(feedback):
    doc = nlp(feedback)
    # 假设简单分类规则
    if "加载" in feedback or "速度" in feedback:
        category = "性能优化"
        priority = "高"
    elif "按钮" in feedback or "设计" in feedback:
        category = "界面设计"
        priority = "中"
```

```
    elif "崩溃" in feedback:
        category = "功能完善"
        priority = "高"
    elif "搜索" in feedback:
        category = "功能优化"
        priority = "高"
    elif "引导" in feedback:
        category = "用户体验"
        priority = "中"
    else:
        category = "其他"
        priority = "低"
    return category, priority

# 分析数据
processed_data = []
for item in raw_data:
    category, priority = analyze_feedback(item["feedback"])
    processed_data.append({
        "用户ID": item["user_id"],
        "时间戳": item["timestamp"],
        "渠道": item["channel"],
        "反馈内容": item["feedback"],
        "需求类别": category,
        "优先级": priority
    })
```

```
# 转换为 DataFrame
df = pd.DataFrame(processed_data)

# 输出为表格
df.to_excel(" 需求整理 .xlsx", index=False)
```

最后，AI 可以帮助我们生成一组表格（表 5-1）。

表 5-1 AI 生成的表格示例

用户 ID	时间戳	渠道	反馈内容	需求类别	优先级
U123	2024-11-28 10:23	App 评论	加载页面速度太慢了，希望能优化	性能优化	高
U124	2024-11-28 11:15	客服记录	按钮太小了，我经常点错，希望可以改进设计	界面设计	中
U125	2024-11-28 12:03	社交媒体	很喜欢新功能，但偶尔会崩溃，希望修复这个问题	功能完善	高
U126	2024-11-28 12:45	App 评论	搜索功能太差，经常找不到东西，急需改进	功能优化	高
U127	2024-11-28 13:12	客服记录	整体体验很好，但新手引导不够清晰，需要改进	用户体验	中

5.3 需求文档自动化

在传统的需求管理过程中,需求文档的编写和维护通常是手工进行的,这不仅耗时而且容易出错。通过 AI,我们可以实现需求文档的自动化生成和维护,显著提高其效率和准确性。

> 一家软件开发公司正在开发一个新的项目管理工具,旨在提高团队的生产效率和沟通流畅性。产品经理王力正在负责此项目的需求管理工作。
>
> 在传统的需求管理过程中,王力面临几个主要挑战:
>
> 需求收集困难:需求来源多样,包括客户会议、电子邮件和市场调研报告,收集和整合这些需求消耗大量时间和精力。
>
> 需求更新频繁:随着项目进展和外部条件变化,需求经常需要更新,手动维护需求文档容易出错且效率低下。
>
> 信息共享不及时:项目团队成员和利益相关者获取更新后需求的速度慢,影响决策和开发效率。

产品经理在面对上面挑战时,会面临需求管理困难的情况,如果使用 AI,可以提高产品经理的工作效率。

> **问:**
>
> 假设你是一位软件开发公司的产品经理,在面对上面的问题时,需要如何去进行需求管理。
>
> **答:**
>
> 在面对上述挑战时,作为产品经理,我会采取一系列系统化的步骤来优化需求管理过程,确保需求收集、更新、和信息共享的效率和准确性。以下是详细的过程和具体步骤:

(1) 需求收集和整合

步骤一：建立需求收集通道

设立专门的通道（如在线表单、专用邮箱）来收集来自不同来源的需求，确保需求的来源广泛且易于追踪。

利用工作坊和一对一访谈收集内部团队和关键利益相关者的需求。

步骤二：使用 AI 工具辅助需求识别

部署自然语言处理（NLP）工具来自动从收集到的文本（如电子邮件、会议记录、市场调研报告）中提取需求相关信息。

利用数据分析工具对收集到的数据进行分类和优先级排序，从而识别最关键的需求点。

步骤三：需求验证和优先级分配

组织需求审查会议，邀请项目团队和关键利益相关者参与，对 AI 提取的需求进行人工复核和确认。

根据项目目标和资源情况，对确认的需求进行优先级排序。

(2) 需求更新管理

步骤一：建立动态需求跟踪系统

使用需求管理软件来跟踪每项需求的状态和更新历史，确保所有数据的一致性和实时性。

配置自动化工具来监测项目进展和外部变化，自动提示需求更新的需求。

步骤二：定期需求复审和迭代会议

定期（如每两周一次）组织需求复审会议，讨论需求的实现状态和外部环境变化的影响。

通过迭代会议调整需求文档，确保文档始终反映最新的项目需求和优先级。

(3) 信息共享和沟通

步骤一：实施集成的项目管理工具

选用支持实时更新和多方访问的项目管理工具，集成需求管理和项目进展跟踪。

确保所有团队成员和利益相关者都能访问这些工具，并对如何使用进行培训。

> 步骤二：定期沟通和更新会议
>
> 定期组织项目更新会议，其中包括需求的最新状态和任何重要变更。
>
> 发布定期通讯或更新日志，通过邮件或内部网站共享需求更新和项目进展。
>
> 步骤三：建立透明的反馈和调整机制
>
> 鼓励团队成员和利益相关者提供关于需求的反馈，使用在线工具收集反馈。
>
> 根据收到的反馈定期调整需求管理策略，优化流程和工具。

通过这些具体的步骤和方法，可以有效地应对需求管理过程中的各种挑战，提高项目管理的效率和成效，同时确保项目能够满足所有利益相关者的需求和期望。

5.4 需求管理的其他价值

在实际工作场景中，系统化的需求管理往往能够带来额外的价值。此时产品经理就可以利用表格管理工具，对产品需求列表进行基础的统计与分类，并将结果整合成"需求简报"，让团队能够更直观地掌握需求全貌与 重点，为后续的产品规划和决策提供有力支持。

以下提供一个示例。

> 在这个项目中，我们有多个提交人，每个人都提交了不同数量的需求，涉及各种模块，并且每个需求都有自己的分类和状态。张华提交了5个需求，涉及用户界面、数据处理和通知系统，需求分类中他主要集中在新增功能和功能改进上，他的需求大多还在待讨论阶段，但也有两个已经发布了，而且这些需求的商业价值被评为高和中。李思提交了3个需求，主要是关于数据处理和API集成，他的需求主要是功能改进和修复bug，目前状态是有一个已开发，两个被暂缓，整体商业价值为中。
>
> 王伟的情况有点不同，他提交了4个需求，包括用户管理、通知系统和移动应用，分类也比较多样，涉及新增功能、改进界面和修复bug。不幸的是，有一个需求被拒绝了，其余的则已发布。他的需求在商业价值上是平均分配的，有高有低。赵雷只提交了2个需求，涉及用户管理和报告模块，一个是功能改进，另一个是新增功能，一个已发布，一个还在讨论中，商业价值也是一高一中。
>
> 孙静提交了最多，总共6个需求，这些需求涉及报告模块、数据库优化和客户支持。他的需求分类涵盖了新增功能、功能改进和改进界面，目前的状态是三个已开发，两个已发布，还有一个在讨论中，商业价值主要是高，但也有中和低。这种分散的情况使得跟踪每个需求的进展和状态变得相当复杂，每个需求的细节都需要被详细考虑和管理。

可以使用 AI，将其整理为表格，方便进行需求管理。

问：

请根据上面的描述，将上面产品经理的需求管理列成一个表格，并输出为 Excel 的格式。

答：

这份需求列表将包括提交人、提交的需求数量、涉及的模块、需求分类、需求状态和商业价值分析，具体如表 5-2 所示。

表 5-2 产品需求总结列表

提交人	提交的需求数量	涉及的模块	需求分类	需求状态	商业价值
张华	5	用户界面，数据处理，通知系统	新增功能（3），功能改进（2）	已发布（2），待讨论（3）	高（3），中（2）
李思	3	数据处理，API 集成	功能改进（2），修复 bug（1）	已开发（1），暂缓（2）	中（3）
王伟	4	用户管理，通知系统，移动应用	新增功能，改进界面（1），修复 bug（1）	拒绝（1），已发布（3）	高（2），低（2）
赵雷	2	用户管理，报告模块	功能改进，新增功能	已发布（1），待讨论（1）	高（1），中（1）
孙静	6	报告模块，数据库优化，客户支持	新增功能（3），功能改进（2），改进界面（1）	已开发（3），已发布（2），待讨论（1）	高（4），中（1），低（1）

数据解释：

提交人：需求的提交者，显示他们在需求管理过程中的活跃度。

提交的需求数量：每个提交者所提交的需求总数。

涉及的模块：需求涉及的具体模块，表明需求的技术或业务领域分布。

需求分类：每种类型的需求数量，包括新增功能、功能改进、改进界面和修复 bug 等。

需求状态：需求当前的处理状态，显示每种状态的需求数量，如待讨论、拒绝、暂缓、已开发、已发布等。

商业价值：根据业务分析对需求的商业价值进行评估，显示高、中、低等级别。

这份需求总结列表提供了一种方法来监控和评估整个项目的需求管理情况，帮助产品经理优化资源分配和决策过程，以及及时调整项目策略以应对变化的业

> 务需求和市场环境。
>
> 我已将需求管理数据保存为 Excel 格式。您可以通过以下链接下载该文件：
> 下载产品需求总结列表

需求管理在产品开发中扮演着至关重要的角色，负责识别、整理并跟踪用户和业务方面的需求。通过这种结构化且可持续的方式来处理需求，团队能更有效地响应利益相关者的期望，提升项目成功率并更好地满足各方需求。

5.5 需求生成思维导图

在需求管理的过程中，信息常常显得纷繁凌乱，为了更有效地进行分析，需要借助一个清晰的框架来进行筛选，避免无效信息的干扰。此时，构建适合产品经理使用的思维导图就显得格外重要，它能帮助团队理顺思路、梳理优先级，并确保需求始终与产品目标保持一致。此时就需要创建思维导图。我们可以使用 AI 工具来帮助构建思维导图。

......

他们希望空气净化器不仅仅能满足基础的空气净化需求，还能根据不同场景智能调整功能。例如，在家庭环境中，用户要求设备能够自动检测室内的空气质量变化，并根据颗粒物浓度、甲醛含量、温湿度等多维度指标实时调整风速和净化模式。同时，有用户反映，设备在夜间使用时，噪声超过 30 分贝会干扰睡眠，因此希望具备超静音模式，并且屏幕光线能够自动调暗甚至完全关闭，但仍然通过手机或其他智能终端实时监控设备状态。

有部分用户强调，他们家中有婴儿或宠物，因此对空气净化器的材质安全性、无异味性，以及滤网是否会产生二次污染提出了严格要求。他们还表示滤芯更换成本高且频率较高，希望能增加滤芯的耐用性，或者通过设备提醒避免过早更换。同时，一些用户希望在滤芯耗尽时能通过产品上的二维码直接下单购买官方滤芯，避免买到劣质配件。

另一些用户群体表示，他们的家中面积较大，传统空气净化器单一覆盖范围小，不能满足需求。为此，用户希望能有带有扩展模块的解决方案，比如多台设备通过同一应用互联，从而覆盖全屋。同时，大户型用户希望空气净化器具备空气流动优化功能，例如通过送风角度和流量调节提升净化效率，而不是单纯靠设备功率堆积。

对于年轻用户，他们希望设备的设计能更加符合现代审美，例如多种颜色、材质选择，以及能与家居风格融为一体。他们还提到设备最好具备便携性，比如设计可拆卸或可壁挂式机型，方便放置在不同场景中。有一些用户甚至建议，设备能与智能家居系统联动，比如与智能音箱或灯光系统搭配工作，提供整体的智能化体验。此外，年轻用户希望能通过手机直接看到空气质量的动态变化，包括可视化图表、历史数据对比等，帮助他们更直观地了解净化器的使用效果。

另有用户反馈，他们所在地区空气污染较为严重，季节性污染尤为明显。因此，他们要求设备能根据不同季节的常见污染物特性（如冬季的 $PM_{2.5}$、夏季的挥发性有机物）自动优化过滤效果。同时，部分用户希望能在室外直接了解家中的空气情况，以便在下班前就可以远程启动净化器。

对于预算有限的用户群体，他们希望厂商提供租赁服务或者定期回收旧设备以折价换新。此外，他们希望净化器的能耗能更低，最好可以显示实时耗电情况，并有节能模式，减少长期使用的隐形成本。

最后，少数用户群体对空气净化器提出了额外功能需求，例如希望设备能搭载芳香功能，增加适量天然香薰，或者具备除菌杀毒功能，能过滤病毒和细菌，特别是近年来对空气传播疾病的担忧逐渐增加。这些用户认为，附加的功能可以作为增值选项，以不同价格满足不同人群的需求。

……

使用 AI 对用户的这些数据进行总结。

问：
假设你是空气净化器的产品经理，请对上面的数据进行总结。

答：

用户需求总结

通过分析用户反馈的数据，可以将需求归纳为以下几个方面：

……

（1）核心功能需求

空气质量检测与优化：用户希望设备能够实时检测空气质量，并根据颗粒物、甲醛、温湿度等多维度指标智能调整净化模式。

高效净化能力：希望能够适应不同环境的污染特性（如 $PM_{2.5}$、挥发性有机物）并自动优化过滤效果，尤其针对大面积房屋，用户需求集中在覆盖范围扩大与效率提升。

噪声与夜间模式：对静音效果要求高，尤其在夜间使用时，设备噪声需低于 30 分贝，并能智能调节屏幕亮度或关闭显示。

......

（2）附加功能需求

扩展与联动：用户倾向于设备具有模块化设计或可联网特性，支持多台设备联动，提升全屋覆盖能力。与智能家居生态（如音箱、灯光系统等）的兼容性是显著需求之一。

便携性与多场景适用：期望设备支持多种摆放方式（台式、壁挂式等），并在不同房间或外出时易于携带。

......

（3）用户体验需求

使用便捷性：

滤芯更换：提醒功能需精准，用户希望通过二维码快速购买官方配件，并减少更换频率。

可视化数据：通过手机或其他终端实时查看空气质量变化，提供历史数据对比及优化建议。

节能与成本控制：用户希望设备能耗低、支持节能模式，并提供设备耗电情况的实时监控。部分用户建议提供租赁服务或旧设备回收折价换新服务。

......

（4）外观设计需求

审美与风格匹配：设备需设计符合现代审美标准，支持多种颜色和材质选择，并与家居风格融为一体。年轻用户尤其关注产品的颜值。

......

（5）特殊人群需求

家庭成员安全：

对婴儿和宠物家庭，强调材料安全、无异味、避免二次污染。

附加功能：期望产品具备除菌杀毒、过滤病毒、添加天然香薰等功能，以满足健康和舒适性需求。

......

> (6) 区域性与季节性需求
>
> 区域污染特性：设备需要适应不同地区污染源的特性（如冬季的 $PM_{2.5}$、夏季的挥发性有机物），并优化净化模式。
>
> 远程操控：希望通过手机在室外控制设备（如下班前远程启动净化）。

之后，可以继续让 AI 生成如下。

问：

请为上面的用户需求生成一个思维导图，以 markdown 的形式，发送给我。

答：

```markdown
# 用户需求思维导图

## （1）核心功能需求
空气质量检测与优化
实时检测空气质量（颗粒物、甲醛、温湿度）
智能调整净化模式
高效净化能力
针对不同污染源优化过滤效果
大面积覆盖及效率提升
噪声与夜间模式
噪声低于 30 分贝
屏幕亮度调节或关闭
```

（2）附加功能需求

扩展与联动

多台设备联动覆盖全屋

兼容智能家居生态（音箱、灯光系统）

便携性与多场景适用

台式、壁挂式设计

便于携带的便携版本

（3）用户体验需求

使用便捷性

精准滤芯更换提醒

扫码购买官方配件

减少滤芯更换频率

可视化数据

手机实时查看空气质量

提供历史数据及优化建议

节能与成本控制

低能耗，支持节能模式

实时耗电监控

租赁服务与旧设备回收

（4）外观设计需求

审美与风格匹配

现代审美

多种颜色和材质选择

融入家居风格

（5）特殊人群需求

家庭成员安全

材料安全，无异味
避免二次污染
附加功能
除菌杀毒
过滤病毒
添加天然香薰

（6）区域性与季节性需求
区域污染特性
针对季节性污染源优化模式
远程操控
室外手机远程控制设备
下班前启动净化

……

优先级建议

（1）核心功能需求

（2）用户体验与节能控制

（3）外观设计与特殊人群需求

（4）附加功能与区域性优化

接下来，我们要使用一个外部工具——"幕布"生成思维导图。

问：

我要使用幕布生成思维导图，但是它不能直接导入 markdown 的格式，请转换为 .opml 的格式

答：

为了帮助您在幕布中使用思维导图，我将为您提供一个适用于 OPML 格式的文本。您可以将以下内容复制到文本编辑器中，保存为 .opml 文件，然后在幕布中导入这个文件。

```python
from xml.etree.ElementTree import Element, SubElement, tostring
from xml.dom import minidom

# 创建 XML 结构的 OPML 格式文档
root = Element('opml')
root.set('version', '2.0')
head = SubElement(root, 'head')
title = SubElement(head, 'title')
title.text = '用户需求思维导图'
body = SubElement(root, 'body')

# 核心功能需求
core_features = SubElement(body, 'outline', text='1. 核心功能需求')
SubElement(core_features, 'outline', text='空气质量检测与优化')
SubElement(core_features, 'outline', text='高效净化能力')
SubElement(core_features, 'outline', text='噪声与夜间模式')

# 附加功能需求
additional_features = SubElement(body, 'outline', text='2. 附加功能需求')
SubElement(additional_features, 'outline', text='扩展与联动')
SubElement(additional_features, 'outline', text='便携性与多场景适用')
```

```python
# 用户体验需求
user_experience = SubElement(body, 'outline', text='3. 用户体验需求')
SubElement(user_experience, 'outline', text='使用便捷性')
SubElement(user_experience, 'outline', text='可视化数据')
SubElement(user_experience, 'outline', text='节能与成本控制')

# 外观设计需求
design_requirements = SubElement(body, 'outline', text='4. 外观设计需求')
SubElement(design_requirements, 'outline', text='审美与风格匹配')

# 特殊人群需求
special_needs = SubElement(body, 'outline', text='5. 特殊人群需求')
SubElement(special_needs, 'outline', text='家庭成员安全')
SubElement(special_needs, 'outline', text='附加功能')

# 区域性与季节性需求
regional_seasonal = SubElement(body, 'outline', text='6. 区域性与季节性需求')
SubElement(regional_seasonal, 'outline', text='区域污染特性')
SubElement(regional_seasonal, 'outline', text='远程操控')

# 输出美化过的 XML
xml_str = minidom.parseString(tostring(root)).toprettyxml(indent=" ")

opml_path = '/mnt/data/User_Needs_Thought_Map.opml'
with open(opml_path, "w") as f:
    f.write(xml_str)

opml_path
```

> 这样，您可以直接将此内容导入幕布或其他支持 OPML 格式的软件，以创建和编辑您的思维导图。

我们在电脑桌面创建一个 TXT 的文档，然后将上面的代码复制到 TXT 格式的文本文档中，点击关闭，保存即可。然后将后面的 .txt 改为 .opml，如图 5-1 所示。

图 5-1 思维导图文本文档改变扩展名

之后打开"幕布"的主页，点击左侧的导入，将桌面上创建的新建文本文档上传，在主页点击右上角的"思维导图"即可，如图 5-2 所示。

图 5-2 幕布生成思维导图的界面

至此，我们所需要的思维导图已经生成，如图 5-3 所示。

用户需求思维导图

(1) 核心功能需求
　　空气质量检测与优化
　　高效净化能力
　　噪音与夜间模式
(2) 附加功能需求
　　扩展与联动
　　便携性与多场景适用
(3) 用户体验需求
　　使用便捷性
　　可视化数据
　　节能与成本控制
(4) 外观设计需求
　　审美与风格匹配
(5) 特殊人群需求
　　家庭成员安全
　　附加功能
(6) 区域性与季节性需求
　　区域污染特性
　　远程操控

图 5-3 生成的思维导图

生成思维导图后，我们点击右上角的"导出"按钮，即可选择合适的文件格式进行保存了，如图 5-4 所示。

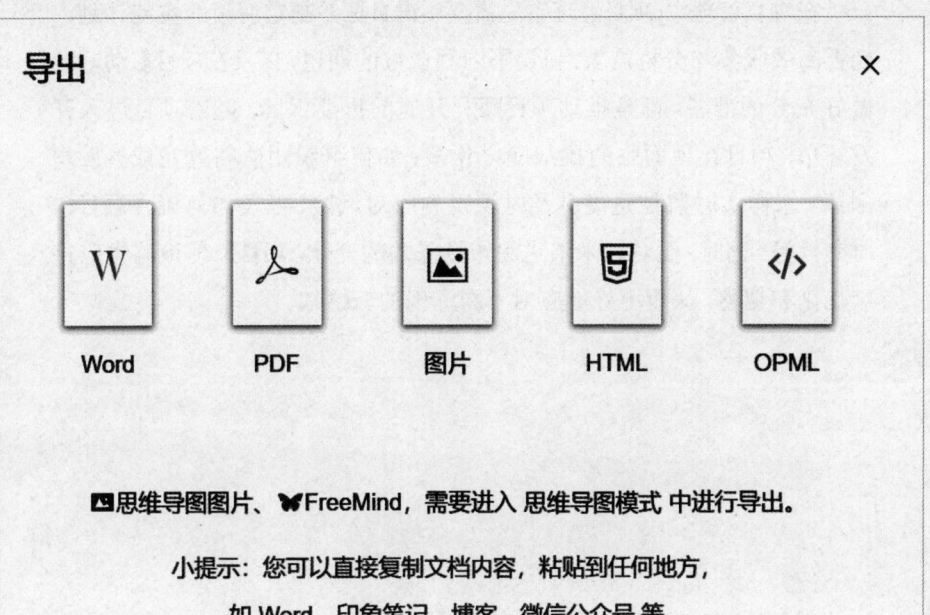

图 5-4 思维导图的保存和导出方式

在项目管理中，项目经理首先需要明确目标并制定清晰的实施计划。能否高效收集与分析需求、协调不同利益方的期望，以及在项目启动阶段做好充分的准备，都是推动项目顺利开展的重要保障。随着项目进入开发环节，项目经理面临的挑战随之增多：如何组织团队高效完成开发与测试、怎样实时监控进度并及时识别和应对风险，以及如何确保项目按时交付等。同时，面对技术演进和市场需求的变化，项目管理策略也应持续优化和调整，从而更好地应对不断涌现的新挑战。

项目的启动阶段是一个至关重要的环节，决定了项目是否能够顺利推进并且达成预期目标。作为项目经理，立项的工作不仅仅是确认项目的目标和资源，同时也是对项目的整体框架的构建和各方面需求的协调。此基础上，需求开发则成为另一大关键因素，产品经理通过深入的需求调研和分析，可以确保各方需求的一致性，进而制定出符合业务目标的产品规划和实施路线。整个过程需要充分的沟通与协调，确保需求的全面性和可执行性。本章将从项目启动的准备工作到需求开发的细节展开，使用 AI 工具帮助项目经理全面掌握这一关键阶段的管理技巧，为后续的项目开发和实施打下坚实的基础。

第三编
AI 项目管理全流程

第 6 章
AI 辅助项目启动和需求开发

6.1 项目开始——立项

立项是所有项目的开端，对于产品经理而言，它往往从项目启动大会正式拉开序幕。启动大会以及随后的一系列准备工作（例如团队组建、各种计划的确认等）都属于立项阶段的范畴，为项目的整体推进奠定了基础。

6.1.1 项目的团队组建

在立项阶段，组建项目团队往往是产品经理需要迈出的第一步，这一举措不仅影响后续的执行效率，也会对最终成果产生直接影响。作为项目的核心推动者，产品经理需要在初始阶段就明确团队成员的构成和职责分工，确保所有人都具备完成项目目标所需的技能与资源。选择成员时，不仅要考量他们在专业领域的实力，也要评估团队协作和沟通能力。借助 AI 对历史数据、成员背景以及项目需求的分析，产品经理可以更快而精准地组建合适的团队。以下是我们所虚拟的五位员工的基本情况。

> （1）张伟（技术架构师）
>
> 专业技能：精通系统架构设计、微服务架构、大规模分布式系统的搭建与优化。熟悉 Java、Python、Node.js 等编程语言。
>
> 过往项目经验：曾参与多个互联网公司大型电商平台的架构设计，主导过跨部门的技术整合项目。
>
> 工作效率：解决技术问题迅速，能在高压环境下高效产出系统设计方案。
>
> （2）李娜（前端开发工程师）
>
> 专业技能：擅长 HTML、CSS、JavaScript，熟悉 React、Vue 等前端框架，具备良好的 UI/UX 设计理解。
>
> 过往项目经验：曾主导多个移动端 Web 应用的开发，尤其擅长响应式设计和跨平台优化。
>
> 工作效率：开发速度快，能独立完成从原型到上线的前端任务，特别注重细

节和用户体验。

(3) 王强（后端开发工程师）

专业技能：精通 Java、Spring Boot、MySQL、Redis 等后端技术，具备高并发处理经验。

过往项目经验：在一家金融科技公司担任后端开发，参与设计并优化过高并发交易系统。

工作效率：能够在复杂的数据库设计和 API 构建中快速找到最优解，开发效率较高。

(4) 赵云（产品设计师）

专业技能：擅长 UI/UX 设计，熟悉 Sketch、Figma、Adobe XD 等设计工具，具备用户研究和交互设计经验。

过往项目经验：曾在多个 SaaS 项目中负责产品设计，尤其擅长界面简化和优化用户体验。

工作效率：设计工作高效，能够在短时间内完成多个设计迭代，且能快速响应开发需求。

(5) 刘杰（项目经理）

专业技能：熟悉敏捷开发流程和项目管理工具（如 JIRA、Trello），具备团队协调和资源调配能力。

过往项目经验：负责过多个跨部门协作项目的管理，熟悉项目从需求分析到交付的全流程。

工作效率：擅长合理安排项目资源，确保各项任务按时完成，沟通协调能力强，能够调动团队积极性。

我们只需要将场景提供给 AI，AI 就可以帮助我们匹配出合适的成员如下。

问：

假设你是一位产品经理，请从前面五个人员中选择，可以加入到我们的团队中的人物，并说明理由。请写的简单些，并且写出上面五个谁不适合加入我们的项目团队组建中。

答：

作为产品经理，在选择团队成员时，我会根据项目的需求和团队的工作目标来做出决策。以下是我从前面五个成员中挑选的人员，以及他们加入项目的理由：

选择加入的成员：

（1）张伟（技术架构师）

理由：项目的技术架构至关重要，张伟的微服务架构设计经验和分布式系统优化能力能够确保项目在技术层面稳定高效，特别适合支撑大型平台的开发。

（2）李娜（前端开发工程师）

理由：项目如果涉及用户界面和用户体验，李娜的前端开发和UI/UX设计能力是不可或缺的，她能帮助团队快速构建响应式界面和优化用户体验。

（3）王强（后端开发工程师）

理由：王强的后端开发能力，特别是在高并发和数据库设计方面的经验，能够确保系统的稳定性和扩展性，支持项目长期发展。

不适合加入的成员：

（1）赵云（产品设计师）

理由：虽然赵云在UI/UX设计上有丰富经验，但如果项目的设计需求已经有其他成员负责，或者项目初期不需要大量设计工作，赵云的加入可能不会带来最大的效益。

（2）刘杰（项目经理）

理由：作为产品经理，我会负责项目的整体规划与执行，因此刘杰在团队中的角色可能与我的职责重叠，导致职责不清晰。团队已经有了项目经理角色，因此他可能不适合加入。

选择加入张伟、李娜和王强是因为他们的技术背景和能力可以为项目的核心部分提供强有力的支持，而赵云和刘杰在此阶段的参与可能不如其他成员直接相关。

同时，AI 还可以帮助我们对人员进行能力评估，通过分析候选人的工作记录和过往的绩效，从而帮助团队生成成员能力和适配度报告，帮助产品经理来做出更精准的团队选择。比如我们现有 3 位待选的市场营销经理，让 AI 根据我们的要求选择最适合的人选。AI 生成的 3 位待选市场营销经理情况如下。

(1) 李明（市场营销经理）

个人信息：年龄 30 岁，本科，市场营销专业，拥有 5 年相关行业经验。

工作记录：在某知名互联网公司担任市场营销经理，主要负责产品推广和市场调研。曾主导多个线上广告活动和社交媒体营销项目。

过往绩效：成功帮助公司将某款新产品推广至市场前列，活动期间用户增长率达到 30%。在过去一年中，营销 ROI 提升了 20%，对公司营收增长贡献显著。

(2) 王薇（市场营销经理）

个人信息：年龄 28 岁，硕士，工商管理专业，拥有 3 年广告和品牌营销经验。

工作记录：曾在初创公司担任市场营销经理，负责品牌建设和市场推广。擅长内容创作和社交平台的运营。

过往绩效：在公司主推的品牌重塑项目中，通过社交平台精准定位受众，成功将品牌知名度提高了 40%，获得行业内多项奖项。

(3) 张娜（市场营销经理）

个人信息：年龄 35 岁，本科，市场营销专业，拥有 7 年行业经验。

工作记录：曾在跨国公司担任市场营销经理，负责多个地区的市场策略制定与执行，特别擅长大规模营销活动的统筹与管理。

过往绩效：带领团队成功开展了多个国际市场的广告推广活动，获得了年终最佳团队奖，帮助公司实现了 15% 的海外市场营收增长。

将我们的需求告诉 AI，让 AI 分析出哪位更符合需求。

问：

请假设你是一家公司的产品经理，有三位市场营销经理的信息如下，请分析哪位更符合我们的需求。

答：

作为公司的产品经理，在选择市场营销经理时，我会根据项目的具体需求和团队的目标来做出决策。假设我们的项目涉及一个新产品的推出，目标是提高品牌知名度并迅速吸引用户群体，以下是我对三位市场营销经理的分析：

（1）李明（市场营销经理）

优点：

市场推广经验丰富：李明有 5 年经验，曾主导过多个线上广告活动，擅长通过精准的市场调研来提升产品的曝光度。

ROI 优化能力：他能够通过提高营销投资回报率来确保营销预算的有效使用，这对于新产品的推广尤为重要。

适用性：如果我们需要快速提升新产品的用户量并确保营销预算的高效使用，李明是一个理想的候选人。特别是在数据驱动的营销策略方面，他的经验可以帮助我们确保营销活动的效果。

（2）王薇（市场营销经理）

优点：

品牌建设和内容创作：王薇有 3 年在初创公司中的品牌建设经验，擅长通过社交平台进行精准的受众定位。

创新与创意：她在品牌重塑和内容创作方面有较强的能力，能够为产品赋予独特的品牌形象。

适用性：如果我们的项目注重品牌形象的建立，并且需要通过创新和创意来吸引目标受众，王薇是非常合适的选择。特别是如果我们的产品是面向年轻或特定细分市场的，王薇能够有效利用社交媒体平台进行推广。

（3）张娜（市场营销经理）

优点：

跨地区营销经验：张娜有 7 年国际营销经验，擅长制定大规模的市场推广策略，并能够协调跨部门和跨地区的合作。

> 大规模活动管理：她的经验使她能够管理多个市场同时推广，并在全球范围内扩展产品影响力。
>
> 适用性：如果我们的产品计划进入国际市场，或者需要在多个地区同步推出，张娜将是非常合适的选择。她的跨区域经验和大规模营销活动的能力，将确保项目能够在不同市场中顺利展开。
>
> 综合分析：
>
> 如果我们的目标是快速提升新产品的用户基础，并确保营销投入的回报，李明将是最符合需求的选择。他的经验和注重数据驱动的方式，可以帮助我们迅速提升市场份额。
>
> 如果我们的目标是注重品牌形象的塑造，并通过创意内容吸引年轻用户或特定群体，那么王薇将更为合适。她的创意思维和社交平台的运作能力可以有效提升品牌知名度。
>
> 如果我们的目标是覆盖多个地区或国际市场，进行大规模的营销活动，则张娜的跨地区经验和大规模活动的管理能力将是一个强大的优势。
>
> 结论：
>
> 根据项目的具体需求，我倾向于选择李明，因为如果我们初期的重点是快速推广产品并获取用户，李明的经验和结果导向的工作方式将确保项目顺利启动并迅速获得市场关注。

AI 倾向于选择李明，并给出了具体的原因是在快速推广产品以及获取用户信息的过程中，李明的经验以及工作方式更适合。

6.1.2 项目计划

项目计划是项目成功的基石，它明确了项目的目标、进度、预算和质量标准。一个清晰且切实可行的计划能为团队提供统一的行动指南，从而确保项目能在预算范围内、按时且符合质量要求地完成。在这一阶段，AI 也能为产品经理提供强有力的支持，帮助他们制定更全面、更合理的项目规划。

问：

假设你是一位负责吸尘器产品的项目经理，为即将推出的新的吸尘器制定一个全面和合理的项目计划。

答：

项目计划：新吸尘器产品开发与发布

（1）项目概述

项目名称：新型智能吸尘器开发

项目经理：[产品经理姓名]

项目目标：设计、开发并推出一款高效能、智能化、用户友好的吸尘器，满足市场对家居清洁产品日益增长的需求，提升用户体验，并在市场中占据竞争优势。

项目启动日期：2024年12月1日

预计完成日期：2025年6月30日

预算：500万人民币

（2）项目阶段与任务

项目启动阶段（2024年12月1日—2024年12月15日）

目标：明确项目目标和团队成员，确保所有资源准备到位。

任务：

确定项目团队成员，包括研发、设计、市场、销售和运营团队。

启动项目沟通渠道，确保所有团队成员了解项目背景和目标。

制定项目详细计划，设定项目里程碑和关键任务。

准备初步预算并确保资源分配到位。

需求分析与市场调研阶段（2024年12月16日—2025年1月15日）

目标：了解用户需求和市场竞争，确保产品设计符合市场需求。

任务：

进行市场调研，分析当前吸尘器市场的趋势、竞品分析及用户反馈。

与潜在用户、清洁行业专家和销售渠道沟通，收集产品需求。

结合调研结果，明确产品的功能需求、技术要求和设计风格。

竞品分析，了解竞争对手的优势与不足，为产品定位提供依据。

产品设计与原型开发阶段（2025年1月16日—2025年2月28日）

目标：完成产品的设计与功能验证，开发原型并进行初步的用户测试。

任务：

制定产品的设计文档，确定外观设计、功能模块、技术方案等。

启动硬件设计和软件开发，并结合产品需求进行功能规划。

完成产品原型的设计和制造，进行初步的用户测试，收集反馈。

在原型阶段测试产品的吸尘能力、智能化功能（如自动清洁路径规划、App控制、语音助手等）以及用户体验，确保设计符合市场需求。

产品开发与工程验证阶段（2025年3月1日—2025年4月30日）

目标：完成产品的工程开发，确保硬件与软件的协调，解决潜在技术问题。

任务：

根据原型测试结果，完善硬件和软件设计，进行工程化生产方案的设计。

开发吸尘器的各项核心功能，如吸力调节、噪声控制、充电系统、智能导航等，确保系统的稳定性与可靠性。

进行多轮内部测试，验证产品的性能、耐用性和用户体验。

确定供应链和生产厂商，签署生产合同并进行供应商管理，确保材料采购与生产进度的协调。

产品测试与优化阶段（2025年5月1日—2025年5月20日）

目标：全面进行产品测试，确保质量和功能稳定，并根据测试反馈进行最后的优化。

任务：

进行产品的全面质量测试，包括吸尘效果、耗电量、噪声级别、智能功能的精准度等。

在多种环境下进行产品的使用测试，如不同地面类型、家具布局等，以确保吸尘器的适用性。

根据测试结果，进行产品的优化，调整设计和功能细节，确保产品在各方面表现稳定。

完成最终版本的用户手册、技术文档及产品包装设计。

产品生产与上线阶段（2025年5月21日—2025年6月15日）

目标：完成产品的生产和包装，准备好正式发布并进行市场推广。

任务：

启动量产，确保生产质量的同时，保持生产效率。

进行产品包装和物流安排，确保产品按时交付。

开始准备产品发布会、市场推广活动，并进行销售渠道的建设。

制定并实施产品定价策略，与各大电商平台、零售商合作，确保产品的覆盖面。

产品发布与市场推广阶段（2025年6月16日—2025年6月30日）

目标：正式发布新吸尘器并进行市场推广，确保产品迅速占领市场。

任务：

举办产品发布会，向媒体、消费者和合作伙伴介绍新吸尘器的优势与创新功能。

通过线上线下渠道进行大规模的市场推广，提升产品知名度。

与社交媒体平台合作，开展线上广告和营销活动，吸引目标用户群体的关注。

根据市场反馈，进行产品售后服务和用户支持的准备工作，确保顾客满意度。

（3）项目关键里程碑

2024年12月15日：完成团队组建和资源准备。

2025年1月15日：完成市场调研和需求分析。

2025年2月28日：完成产品原型设计和初步用户测试。

2025年4月30日：完成工程验证和产品优化。

2025年5月20日：完成产品测试和优化，准备量产。

2025年6月15日：完成产品生产和包装，准备发布。

2025年6月30日：产品正式发布，进入市场。

（4）预算分配

阶段	预算金额（万元）
项目启动与团队组建	20
市场调研与需求分析	30
产品设计与原型开发	100
产品开发与工程验证	150
产品测试与优化	50
产品生产与上线	120
市场推广与发布	30
总计	500

（5）风险管理

技术风险：产品的智能化功能可能存在技术难题，需及时与研发团队和供应商沟通，提前解决问题。

市场风险：市场需求变化较快，可能会影响产品的销售。产品经理需要时刻关注市场动态，及时调整策略。

生产风险：生产延误或质量不达标可能影响产品发布时间，需与供应链保持紧密联系，确保生产流程顺畅。

(6) 项目结项

项目完成后，进行全面的项目总结，评估产品的市场表现、销售数据和用户反馈，并为下一代产品的开发提供宝贵的经验。

……

以上是新吸尘器产品开发和发布的详细项目计划。这一计划涵盖了产品从立项、设计、开发到发布的整个生命周期，并确保各阶段任务明确，资源配置合理，为产品成功上市打下坚实的基础。

6.1.3 项目沟通

在项目管理中，沟通是至关重要的一环。只有确保信息能够在团队内部顺畅流动、减少误解与冲突，才能提高决策效率并加快项目推进。对于产品经理而言，良好的沟通能力能够直接影响项目的进度和最终成果。

1. 内部沟通

在项目启动阶段，产品经理需要定期组织团队会议，以便所有成员都能及时了解项目的最新进展和目标变化。会议的频率应根据项目的复杂程度以及进度需求来灵活设定，通常会有如下几种形式：

日常站会：主要进行工作进展的简要汇报。每名成员在会上说明自己当前的任务进度、遇到的问题以及解决思路，有助于全员了解彼此的工作状态，并及时调整任务优先级。

周会 / 阶段性会议：围绕项目的关键问题进行更深入的讨论。会议由产品经理主持，内容涉及项目风险评估、资源需求和时间进度等方面，为后续决策提供依据。

2. 外部沟通

除了团队内部，产品经理还需要与客户、投资方及合作伙伴等外部利益相关者保持良好的沟通。这些沟通的核心目的是保证项目目标与市场需求的一致性，并在必要时对项目方向进行调整。为此，产品经理应定期向外部报告项目进展，收集反馈意见，并在需要时对项目策略进行相应的修改。

6.1.4 项目启动大会

项目启动大会标志着项目的正式开始。它不仅为团队提供了明确的方向与目标，也能够有效激发成员之间的合作精神。启动大会的主要目的是向团队介绍项目的背景、目标、时间表、可用资源以及风险管理计划，并确保每位成员都清楚自己的角色与责任。为了让项目在启动大会之后顺利推进，AI 可以根据项目目标与团队背景生成会议的演讲稿与 PPT，并自动总结会议要点，以便根据讨论内容形成后续的行动计划。这里我们仅展示 AI 在撰写会议演讲稿及总结会议要点方面的功能。

1. 生成会议演讲稿

在项目启动大会上，产品经理往往需要面对团队或相关利益方进行演讲，说明项目的整体概况与未来推进方向。这就需要一份完善的演讲稿来支持发言思路，让现场沟通更顺畅。假设我们正在为一款新产品——多功能清洁膏——召开启动大会，AI 可以根据产品定位、项目目标以及参会团队背景，帮助产品经理快速撰写具有清晰结构与逻辑的会议演讲稿。通过这样的方式，产品经理既能节省时间，也能确保核心内容得到全面且准确的呈现。

问：

假设你是一位产品经理，要在多功能清洁膏的项目启动会上进行演讲，请你根据具体的细节，为我生成这篇演讲稿。

答：

好的！以下是一份关于多功能清洁膏的项目启动会演讲稿，涵盖了项目的背景、目标、策略和关键执行步骤：

……

尊敬的各位领导、同事们，大家好！

今天，我们在这里召开多功能清洁膏项目的启动大会，标志着我们这一新产品即将正式进入开发和实施阶段。作为项目经理，我非常荣幸能与大家一起迎接这个令人激动的挑战。我将简要概述项目的目标、执行步骤和预期成果，希望能与大家一起共同推动这个项目成功。

（1）项目背景

随着现代家庭和商业环境对清洁效果的高标准要求日益增长，消费者对于多功能、环保、方便使用的清洁产品需求也越来越强烈。多功能清洁膏作为一款具有去污、去油、除垢等多重功效的创新产品，满足了这一市场需求。

我们的多功能清洁膏产品不仅能广泛应用于厨房、卫生间、家居等多个场景，而且由于其独特的成分配比和环保设计，能够在保证高效清洁的同时降低对环境的负担。基于这一市场潜力，我们决定启动这一项目，希望通过创新的产品设计和精准的市场定位，抢占这一细分市场。

（2）项目目标

在接下来的几个月中，我们的目标如下：

产品研发：开发出一款市场上领先的多功能清洁膏，满足消费者对清洁效果、使用便捷性和环保的高标准要求。

市场验证：通过小范围的市场测试，验证产品的实际效果和用户反馈，确保产品定位准确。

量产准备：完成供应链和生产线的对接，确保大规模生产时的质量稳定性。

品牌推广：通过精准的营销策略和创新的推广手段，让更多消费者认识和尝试我们的清洁膏产品。

（3）项目策略

为了确保这一目标的实现，我们将采取以下策略：

跨部门协作：产品的成功离不开研发、设计、生产、营销等各部门的紧密协作。我们将定期召开跨部门会议，确保信息的及时传递和问题的快速解决。

数据驱动决策：通过市场调研和消费者反馈，收集相关数据，指导产品的优化方向。例如，我们将依据消费者对不同香型、清洁效果等方面的偏好进行产品配方的调整。

质量管控：从原材料采购到生产工艺，我们将严格把控每一个环节，确保产品始终如一的高质量标准。同时，我们会设立质量评审机制，定期对产品进行评估，防止潜在的质量问题。

用户体验优先：我们会从用户的使用体验出发，简化产品的包装设计，确保操作便捷性，提高消费者的购买体验和忠诚度。

（4）关键执行步骤

第一阶段：产品研发与原型设计（1～2个月）
完成市场调研，了解消费者需求。
与研发团队共同进行产品配方设计与测试。

确定最终产品原型,并进行效果验证。

第二阶段:小范围市场测试与反馈收集(2～3个月)
在特定市场进行小范围的产品测试。
收集消费者反馈,分析产品的使用效果和市场反应。
根据反馈对产品进行适当的优化和调整。

第三阶段:量产准备与供应链优化(3～4个月)
确定生产合作伙伴并建立稳定的供应链体系。
开展生产线调试,确保生产效率和质量。
准备相关的包装和物流。

第四阶段:市场推广与销售启动(4～5个月)
制定产品上市的营销策略,包括线上线下推广、社交媒体宣传等。
通过各大电商平台和线下零售渠道进行产品销售。

(5)预期成果

我们希望通过这一系列的策略和执行步骤,能够在市场中树立多功能清洁膏的品牌形象,并在消费者中形成良好的口碑。项目成功的标志将是产品的市场占有率、品牌影响力的提升以及用户的高度评价。

最后,产品经理的工作不仅仅是确保项目按时按质完成,更是在整个过程中起到桥梁作用,确保各方信息流畅,风险得到有效控制。作为项目团队的成员,我期待大家的合作与支持,让我们共同努力,迎接这个充满机遇与挑战的项目!

谢谢大家!

这篇演讲稿覆盖了项目启动的主要方面,适合在团队和管理层会议中由产品经理介绍项目使用。我们可以根据实际情况做一些调整。

2. 总结会议要点

为了演示其具体实现过程，此处将上面的演讲稿作为会议内容，可能与实际情况不符，请知悉。

> **问：**
> 针对上面的演讲稿作为此次会议的全部内容，请总结这次会议的要点，并整理。
>
> **答：**
> 以下是多功能清洁膏项目启动会的要点总结：
> ……
> 会议要点总结：
>
> （1）项目背景
> 市场需求：现代消费者对多功能、环保、便捷的清洁产品需求增加。
> 产品概述：多功能清洁膏，具有去污、去油、除垢等功能，适用于厨房、卫生间、家居等多个场景。
> 目标：抢占细分市场，通过创新设计和精准定位实现市场领先地位。
>
> （2）项目目标
> 产品研发：开发高效、多功能、环保的清洁膏。
> 市场验证：通过小范围测试，验证产品效果和用户反馈。
> 量产准备：确保供应链和生产线能够支撑大规模生产。
> 品牌推广：通过精准营销，让消费者认知并选择产品。
>
> （3）项目策略
> 跨部门协作：加强研发、设计、生产和营销团队的紧密合作，确保信息流畅。
> 数据驱动决策：通过市场调研和用户反馈调整产品设计。
> 质量管控：从原料采购到生产环节，全程严格把控产品质量。
> 用户体验：优化产品包装设计，提升消费者的购买体验和使用感受。

（4）关键执行步骤

第一阶段（1～2个月）：进行市场调研，研发产品原型，并进行效果验证。

第二阶段（2～3个月）：开展小范围市场测试，收集用户反馈并优化产品。

第三阶段（3～4个月）：准备量产，优化供应链和生产线。

第四阶段（4～5个月）：制定市场推广策略，通过线上线下渠道销售产品。

（5）预期成果

品牌形象：树立多功能清洁膏的品牌形象，提升市场占有率。

市场反响：通过用户口碑和反馈，提升品牌影响力。

销售目标：实现目标销量，确立市场地位。

……

总结：

此次会议的核心在于明确项目的目标、执行策略和关键步骤，确保各部门能够紧密协作，以数据和用户反馈为导向，推动项目顺利进行。同时，通过量产和推广的环节，实现产品的市场占有率和品牌认知度的提升。

从以上"演讲稿"示例中可以看出，AI会对其中的重点内容进行深入分析并加以整理。如果我们在实际会议中采用同样的方法，也能将与会者的发言和讨论内容迅速提炼为清晰的要点与结论，让会议纪要更精炼、高效。

6.1.5 项目目标

项目目标是所有工作的根本起点与最终落脚点。产品经理在项目启动阶段需要确保目标的制定既清晰又可执行，因为项目目标不仅决定了产品最终能否如期交付，也会影响整体方向与优先级。设定目标时，需要结合市场需求、用户痛点和公司的战略规划，并注重目标的可量化性和时效性。比如，可以将市场份额、用户增长率、月活跃用户数等指标作为衡量标准，同时借助用户调研与数据分析等手段来验证目标的合理性和可行性。

在明确目标之后，产品经理应根据优先级对任务进行合理分配，这样一来，当时间、资源或市场需求发生变化时，团队也能及时聚焦于最重要的工作，避免分散精力。此外，项目目标并非一成不变，产品经理需要对目标进行定期跟踪与评估，若发现目标过于理想化或市场环境有所转变，就要及时做出调整，确保项目始终朝着正确的方向前进。

6.2 项目需求的开发

需求开发的主要工作要从写文档开始，经过前面的一系列准备之后，到了项目需求的开发阶段，此时产品经理就要开始撰写文档了，本节内容，我们首先设置一个项目背景来演示如何使用 AI 撰写相关的各种文档。

项目背景如下：

项目目标是开发一款智能家居控制系统，旨在通过人工智能技术，实现智能设备的自动化控制和智能家居的集成管理。用户可以通过语音、手机应用，甚至自动感应的方式控制家中的灯光、温度、安防系统、家电等设备。

6.2.1 产品需求文档（PRD）

产品需求文档（PRD）是由产品经理撰写的详尽文件，用于清晰描述产品的功能需求和目标。它能够将产品的主要特性、功能、用户需求、用户体验和技术要求等内容系统地呈现出来，让开发团队、设计团队及其他相关人员都能在开发过程中准确理解产品的定位与期望。PRD 不仅是开发团队的行动指南，也为设计师、测试人员等提供了具体的衡量标准，让团队之间在沟通时有据可依，确保各方朝着同一个目标努力。对于我们虚构的智能家居控制系统案例，PRD 需要列出产品的核心功能（例如语音控制、自动化场景、设备集成等），同时要说明用户对便捷操作和安全监控的需求。开发团队会据此展开具体工作，测试团队也会根据这些明确的需求检验产品是否真正满足了设定目标。

问:

假设你是一位产品经理,请你根据上面的项目背景为我生成一份合理的产品需求文档。

答:

产品需求文档:智能家居控制系统

(1)项目背景

随着智能家居技术的快速发展,越来越多的用户希望能够通过简便的方式实现家庭设备的智能化管理。此项目旨在开发一款智能家居控制系统,通过集成先进的人工智能技术,提供智能设备的自动化控制与管理。系统将支持多种控制方式,包括语音、手机应用、自动感应等,以提高家庭生活的便利性、安全性和舒适性。

(2)项目目标

目标1:实现智能家居设备的自动化控制和集成管理,包括灯光、温度、安防系统、家电等。

目标2:提供多种便捷的控制方式,支持语音控制、手机应用控制及自动感应控制。

目标3:提高系统的智能化程度,能够根据用户的习惯与环境变化自动调整设备状态。

目标4:确保系统的稳定性与安全性,保障用户隐私与数据安全。

(3)功能需求

用户身份认证:

目标:确保只有授权用户可以访问智能家居控制系统。

需求:

支持多种登录方式,包括手机号、邮箱和第三方认证(如微信、QQ等)。

支持指纹识别、面部识别等生物识别技术。

语音控制:

目标:实现语音控制家居设备,提升使用便利性。

需求:

支持与主流语音助手(如Alexa、Google Assistant、Siri)进行集成。

用户可以通过语音命令控制灯光、温度、安防等设备。

系统能够识别不同用户的语音指令,并根据用户习惯进行响应。

手机应用控制:

目标:通过手机应用实现设备远程控制。

需求:

提供安卓和 iOS 版本的智能家居应用。

用户可以通过手机应用查看各个设备的实时状态,远程开关设备。

支持设备定时控制,如定时开关灯、调节温度等。

提供设备历史记录和使用分析。

自动感应控制:

目标:通过传感器自动感应环境变化并调整设备。

需求:

系统支持自动感应温度、湿度、光照等环境因素。

当用户进入或离开房间时,系统能够自动开关灯光、调节温度等设备。

安防系统能够自动感应是否有异常入侵并触发警报。

设备集成与管理:

目标:实现家中各种智能设备的集成管理。

需求:

系统能够集成各种智能家电,如空调、电视、冰箱、洗衣机等。

支持灯光、温控、安防等设备的统一管理,用户可以设置全屋场景模式(如离家模式、回家模式、睡眠模式等)。

支持设备联动,用户可以设置设备间的联动规则(如开空调时自动关灯)。

安防与监控:

目标:提高家庭的安全性,实时监控家庭状况。

需求:

系统集成安防设备,如摄像头、门锁、烟雾报警器等。

支持实时视频监控和远程查看家中安防状况。

在发现异常事件(如门未锁、烟雾报警等)时,通过手机应用或语音助手及时通知用户。

系统智能化:

目标:提升智能化程度,使系统更符合用户习惯。

需求：

系统可以学习用户的操作习惯，并自动进行设备调节，如根据时间和环境自动调节温度、亮度等。

提供智能推荐功能，根据用户行为习惯推荐最适合的场景设置。

（4）非功能需求

性能要求：

目标：确保系统的高性能和稳定性。

需求：

系统响应时间不超过 2 秒。

系统能够支持至少 100 台设备同时在线操作。

在高并发情况下，系统保持稳定，避免出现延迟或崩溃。

安全性要求：

目标：确保系统的数据安全和用户隐私保护。

需求：

数据传输加密，使用 SSL/TLS 协议保护用户数据。

用户数据仅用于系统优化，不会外泄或用于商业用途。

支持多层级权限管理，确保不同用户的访问权限不同。

可扩展性：

目标：保证系统的可扩展性，支持未来的设备和技术集成。

需求：

系统设计应具有良好的可扩展性，能够支持未来新设备的接入。

提供开放的 API 接口，方便第三方厂商进行设备集成。

（5）项目计划

阶段一：需求调研与分析（预计 1 个月）

完成市场调研，收集用户需求，明确项目目标。

确定目标用户群体，分析用户痛点和需求。

阶段二：系统设计与开发（预计 3 个月）

设计系统架构与数据库结构。

开发核心功能模块，如设备控制、语音识别、自动感应控制等。

阶段三：测试与优化（预计 1 个月）

进行系统测试，确保系统的稳定性与性能。

收集用户反馈，对产品进行优化。

阶段四：上线与推广（预计1个月）

进行产品上线，推出安卓与iOS版本的应用。

开展市场推广活动，吸引用户下载并使用。

（6）风险评估与应对

技术风险：

问题：智能家居设备的兼容性问题。

应对措施：与主流智能家居设备厂商合作，确保设备兼容性。

用户隐私与数据安全风险：

问题：用户数据泄露和隐私问题。

应对措施：采用高级加密技术，严格控制数据访问权限，并定期进行安全审计。

市场风险：

问题：市场竞争激烈，用户认知度较低。

应对措施：加大市场推广力度，通过社交媒体、线上广告等方式提升品牌曝光度。

（7）总结

该智能家居控制系统项目的目标是通过先进的人工智能技术，提供便捷、智能且安全的家庭设备管理方式。通过精确的需求分析和技术方案设计，项目力求为用户提供一个智能、易用、可扩展的家居控制平台。

……

这份产品需求文档覆盖了项目的基本功能需求、非功能需求、项目计划和风险管理等方面，帮助开发团队清晰理解项目目标和技术实施的关键点。

6.2.2　市场需求文档（MRD）

市场需求文档（MRD）主要聚焦于市场环境与用户需求的分析，为产品经理提供对行业趋势、目标用户特征和竞争态势的整体洞察，并据此指导产品开发的方向。与关注具体功能的产品需求文档（PRD）不同，MRD更侧重于市场层面的需求，通过对潜在客户群体、市场规模、竞争格局和发展趋势等信息的整理，帮助产品经理准确定位产品，确保其符合市场预期与用户需求。MRD 与商业需求紧密相连，也为制定业务目标和市场推广策略提供了有力依据。

在智能家居控制系统的案例中，MRD 可以用来分析市场规模与目标用户群体（例如中产阶级家庭、技术爱好者等），并深入了解他们对产品的便捷性和安全性等核心需求。基于这些市场洞察，产品经理能够更好地规划产品功能及定位策略。通过借助 AI 的力量，我们可以快速生成一份专业的市场需求文档，让产品开发始终紧贴用户与市场的真实需求

问：

假设你是一位产品经理，请你根据上面的项目背景为我生成一份合理的市场需求文档。

答：

市场需求文档：智能家居控制系统

（1）项目背景

随着智能家居市场的快速增长，越来越多的消费者期望能够通过技术手段提升家庭生活的便捷性、安全性和舒适性。智能家居控制系统应运而生，旨在将家中各种设备（如灯光、温控、安防设备、家电等）通过人工智能技术集成到一个统一的平台，实现设备的自动化控制和智能管理。

用户能够通过语音、手机应用，甚至自动感应的方式轻松管理家中的设备，从而提升家庭生活质量。随着技术的不断发展，市场对智能家居控制系统的需求也逐渐增长，尤其是在提高生活便捷性、节能、家居安全等方面。

（2）市场分析

市场规模：

智能家居市场近年来呈现快速增长趋势。根据市场研究公司 Statista 的数据显示，全球智能家居市场预计在 2025 年将达到 $1000 亿以上。随着消费者对家庭智能化的需求增加，市场潜力巨大，尤其在中国、美国和欧洲等智能硬件普及较高的地区，智能家居产品的需求正持续增长。

目标用户群体：

根据市场调研，智能家居控制系统的目标用户群体主要包括以下几类：

年轻家庭：30—45 岁之间的年轻父母，注重生活质量和家居智能化的提升，希望通过智能家居系统提高家庭管理的效率，尤其是在安全和便利性方面。

技术爱好者：对于新技术、新产品感兴趣的科技爱好者，愿意尝试新兴的智能家居产品。

高端用户群体：一些高收入家庭，注重家居生活的豪华和高端定制，愿意为智能家居产品支付更高的费用。

老年群体：对于老年人群体，智能家居系统能提供自动化的生活支持，例如自动调节温度、灯光，远程安防监控等，提升老年人的生活舒适性和安全性。

市场需求特点：

智能化需求：用户越来越倾向于使用能自动感知环境并做出相应调整的智能家居设备，例如温控、安防、灯光等设备的自动调节功能。

便捷性需求：消费者希望能够通过多种控制方式管理家居设备，语音控制、手机应用、自动感应等方式已成为市场主流。

安全性需求：随着家庭安全问题的日益突出，消费者对智能家居系统的安全性要求越来越高，尤其是在安防、报警、视频监控等领域。

节能需求：智能家居控制系统通过自动调节设备的开关状态，能够有效减少能源浪费，达到节能环保的目标。

个性化需求：用户希望智能家居系统能根据其个人习惯进行个性化设置，提供符合其生活方式的定制化场景模式。

（3）产品定位

产品特点：

智能化控制：系统通过人工智能技术，使智能设备能够自动感知和响应环境变化，实现温度、湿度、亮度、安防等的智能调节。

多控制方式：支持语音控制、手机应用控制、自动感应控制等多种操作方式，提供便捷的用户体验。

设备集成与联动：支持家中各种设备的集成管理，能够实现设备间的智能联动，提供全屋场景设置（如离家模式、回家模式等）。

高安全性：系统具备高安全性保障，支持实时监控、报警系统和智能锁等设备，增强家庭的安全保护功能。

节能高效：通过智能调节和远程控制，实现能源使用的优化，提高家庭能源利用效率。

竞争分析：

目前，智能家居控制系统市场上已有不少竞争者，包括Google Nest、Amazon Alexa、Apple HomeKit等。这些品牌的产品在智能家居领域占据了一定的市场份额，并拥有成熟的技术和用户基础。具体的竞争优势分析如下：

Google Nest：凭借Google强大的人工智能技术，Nest产品提供智能温控、安防等功能，但在用户界面的友好度和设备兼容性方面仍有提升空间。

Amazon Alexa：以语音控制为核心，广泛支持智能家电设备，但在自动化管理和设备联动方面有所不足。

Apple HomeKit：依托Apple生态系统，提供强大的设备联动性和安全性，适合Apple用户，但对非Apple设备的兼容性较差。

本项目的差异化竞争优势：

通过结合更先进的AI技术，提供更高精度的智能化自动控制。

提供多平台支持，包括安卓、iOS、语音助手和第三方设备的兼容。

强调用户隐私保护和数据安全，确保用户的个人信息和家庭数据得到最严密的保护。

（4）市场需求分析

用户需求：

便捷性：用户希望通过多种控制方式方便地管理家庭设备，如通过语音助手、手机应用或自动感应控制家庭环境。

智能化：用户希望家中的智能设备能够自动感应并调节环境，提升舒适性和节能效果。

高安全性：用户对家中安防有较高需求，希望能够实时监控、远程控制家居设备，确保家庭的安全。

节能环保：智能家居设备的自动调节功能可以帮助用户减少能源浪费，从而降低家庭的能源开支。

个性化场景：用户希望能够根据自身需求设置不同的场景模式，自动调节家中的设备（例如早晨起床、外出、夜间模式等）。

市场趋势：

技术创新：人工智能和物联网（IoT）技术的发展为智能家居提供了更多创新的可能性，尤其是在设备互联互通和自动化控制方面。

产品智能化和集成化：消费者对集成化、智能化程度更高的产品需求增加，智能家居控制系统将逐步融合更多功能模块，实现设备管理一体化。

安全性成为关键因素：随着智能家居产品的普及，家居安全问题也愈加重要，未来智能家居将更注重安防技术和用户隐私保护。

节能减排：智能家居产品将更注重能源使用的智能优化，帮助用户减少不必要的能源浪费，降低家庭能源成本。

（5）市场推广策略

定价策略：

根据市场分析，智能家居控制系统可以采取分层定价策略，针对不同收入水平和需求的用户群体提供不同版本的产品：

基础版：提供基本的设备控制和安防功能，适合大众市场，定价较低。

高级版：提供更多的智能化控制、设备联动及个性化场景设置，定价中等。

旗舰版：提供完整的家庭智能化解决方案，包括高安全性、全屋设备控制、定制化服务等，适合高端用户，定价较高。

渠道策略：

线上渠道：通过电商平台（如 Amazon、天猫、京东等）以及品牌官网进行销售，并通过社交媒体和在线广告进行推广。

线下渠道：与家居用品店、家电商场合作，开展线下体验和销售。

合作伙伴渠道：与房产开发商、家居设计公司等合作，推广智能家居系统的集成解决方案。

推广活动：

品牌宣传：通过线上广告、社交媒体推广等渠道增加品牌曝光度。

用户教育：通过视频教程、使用案例分享等方式，帮助用户了解智能家居系统的使用方法和优势。

促销活动：推出限时折扣、捆绑销售等优惠活动，吸引潜在用户购买。

总结：

智能家居控制系统市场需求正在持续增长，消费者对智能化、便捷性、安全性和节能性等方面的需求不断提升。通过结合最新的人工智能技术、优化的控制方式和高安全性的设计，本项目的智能家居控制系统将满足市场需求，并具有强大的竞争力。

6.2.3 商业需求文档（BRD）

商业需求文档（BRD）以商业视角为核心，主要由业务方或产品经理编写，用来明确产品或项目需要实现的商业目标、收益模式以及关键业务指标，从而帮助相关方了解其商业价值。相比于 MRD 和 PRD 的市场和功能侧重点，BRD 更关注如何通过产品开发与商业战略的结合来达成如增加收入、扩大市场份额等重要目标。它不仅是与高层管理、投资者和合作伙伴沟通的关键工具，也能作为后续衡量项目成功与否的标准，为团队提供具体的商业目标与评估依据。

在智能家居控制系统的案例中，BRD 能够为项目制定商业目标（如提升市场占有率），并结合目标用户（包括普通消费者和企业客户）的需求，给出相应的收益模式，例如通过硬件销售或订阅服务来获得收入。这样一来，产品经理不仅可以确保产品开发与整体商业战略相吻合，还能为后续的业务决策和市场推广提供有效的指导方向。

问：

假设你是一位产品经理，请你根据上面的项目背景为我生成一份合理的商业需求文档。

答：

商业需求文档（BRD）：智能家居控制系统

（1）项目背景

智能家居技术的发展正在改变家庭生活的方式，越来越多的消费者希望能够通过便捷的技术手段提升家庭的舒适度、便利性、安全性以及节能效果。本项目旨在开发一款智能家居控制系统，通过集成人工智能技术，实现对智能家电、温控、灯光、安防系统等设备的自动化控制和集成管理。用户可以通过语音、手机应用，甚至自动感应的方式控制家中的设备，提升家庭生活的质量。

随着全球智能家居市场的快速增长，预计这一领域将在未来几年内继续扩张。通过这款智能家居控制系统，本项目旨在满足市场对智能化家居解决方案日益增长的需求,帮助消费者提高生活质量,同时为公司带来可持续的商业回报。

(2) 商业目标

本项目的商业目标如下:

增加市场占有率:通过推出创新的智能家居控制系统,提升品牌在智能家居市场中的市场份额。

增加收入:通过多元化的收入来源(硬件销售、订阅服务、增值服务等),确保稳定的现金流和可持续的收入增长。

提升品牌影响力:将本项目定位为领先的智能家居品牌,借助科技创新和良好的用户体验,提升品牌知名度和用户忠诚度。

促进合作与渠道拓展:与硬件厂商、房产开发商、家居设计公司等建立合作伙伴关系,进一步扩大市场影响力。

提供长期价值:通过订阅服务、持续更新和升级,保持用户黏性,创造长期的商业价值。

(3) 目标客户

本项目的目标客户可以分为两类:

消费者客户:

年轻家庭:30—45 岁之间的年轻父母,注重家庭生活质量和智能化管理。此群体倾向于购买能够提升家庭生活便捷性和安全性的智能家居产品。

技术爱好者:对新兴技术、智能家居解决方案有浓厚兴趣的用户,愿意投资智能家居设备以提升居住环境的舒适性和科技感。

高收入家庭:收入较高的群体,更加注重生活质量、家居舒适度和高端智能化体验,愿意为定制化、高品质的智能家居产品付出高额费用。

老年群体:对于老年人群体,智能家居系统能够提供自动化的生活支持,例如自动调节温度、灯光、远程安防监控等,提升老年人的生活舒适性和安全性。

企业客户:

房地产开发商:智能家居系统可以作为高端房地产项目的附加值,提升楼盘的市场吸引力,吸引潜在买家。

家居设计公司:为高端客户提供集成智能家居解决方案,提升家居设计的创新性和科技感。

家电厂商:通过与家电厂商合作,推动智能家居设备的集成化,扩大产品线和市场覆盖面。

（4）关键业务目标

本项目的关键业务目标是确保产品能够实现以下成果：

市场占有率：

在智能家居市场中占据一定份额，目标是两年内占领国内市场15%的市场份额。

收入增长：

通过硬件销售、订阅服务以及增值服务的多元化收入模式，预计三年内达到年收入增长率20%。

用户增长：

通过推广活动和合作伙伴的渠道拓展，预计第一年内吸引100万家庭用户。

客户满意度：通过持续的产品创新和服务优化，确保用户满意度达到90%以上，提升用户忠诚度和复购率。

盈利能力：

项目在发布后的一年内实现盈利，并在两年内回收初期投资，确保持续盈利。

（5）收益模式

本项目将通过以下几种方式获得收入：

硬件销售：

智能家居控制系统的硬件设备（如智能网关、智能传感器、控制面板、摄像头、智能锁等）将是产品的主要收入来源之一。用户购买这些设备来实现家居自动化控制，硬件销售将成为公司的初期营收来源。

销售渠道：线上电商平台、家电零售商、智能家居专卖店等。

定价策略：根据市场需求、产品功能和竞争状况制定合理的定价，确保硬件的竞争力。

订阅服务：

通过提供智能家居控制系统的增值服务和长期更新（如云存储、智能家居设备数据分析、定期软件升级、远程安防监控等），可以采用订阅收费模式。这些增值服务将提供持续的收入流。

服务层级：基础版服务（免费）、高级版服务（收费订阅）。

定价策略：采用月度或年度订阅模式，定价根据服务内容和市场需求调整。

增值服务：

智能家居场景定制：为用户提供个性化的家居场景定制服务，用户可以根据自己的生活习惯和需求调整家居设备的联动规则。

远程技术支持和维护服务：为用户提供远程技术支持、设备故障排查和软件更新等增值服务。

合作与渠道分成：

与房地产开发商、家居设计公司以及家电厂商建立战略合作伙伴关系，将智能家居系统打包为附加值服务或嵌入到房地产项目中，获得合作伙伴的分成收入。

（6）关键成功因素

技术创新：持续进行产品创新，结合人工智能、物联网技术，提升产品的智能化水平，满足市场和用户的需求。

用户体验：注重产品的用户体验设计，提供简单、直观的操作界面和高度集成的控制系统，提升用户满意度。

品牌建设与营销：通过线上线下渠道、广告推广、合作伙伴的帮助，提升品牌知名度和市场认可度。

安全性与隐私保护：确保产品具备高水平的数据安全性，保护用户隐私，避免数据泄露和滥用问题。

（7）竞争分析

Google Nest、Amazon Alexa、Apple HomeKit 等大型企业已在智能家居市场占据了较大份额。尽管市场竞争激烈，但本项目通过提供个性化、全屋集成的智能家居解决方案，能够与现有竞争者区分开来，特别是在设备集成、智能化控制和用户隐私保护等方面。

本项目将专注于中高端市场，提供更加定制化和高质量的智能家居控制系统，并通过强大的客户支持和长期增值服务建立用户忠诚度。

（8）风险评估

市场风险：智能家居市场的竞争激烈，新兴品牌可能面临市场认知度低、用户吸引力不足等问题。

技术风险：人工智能技术的稳定性和可扩展性是项目成功的关键，任何技术问题都可能影响用户体验。

用户隐私风险：智能家居系统涉及大量用户数据的采集与分析，必须确保数据隐私和安全，防止任何形式的泄露。

(9) 总结

本项目旨在开发一款创新的智能家居控制系统，利用人工智能技术提升家庭生活质量，满足消费者对便利性、安全性、节能性等方面的需求。通过硬件销售、订阅服务和增值服务等多元化的收益模式，项目预计将在未来几年内带来可持续的商业回报，同时提升市场份额和品牌影响力。

6.2.4 功能详细说明（Functional Specifications）

功能详细说明是对产品功能以及技术实现做出的详细阐述，让开发团队能够准确理解每一个功能点的操作方式、工作原理以及输入和输出的具体细节。这样一来，开发人员就能按照文档中的说明来实现功能，最大程度地避免在需求传达和落地过程中的偏差或遗漏。通常在开发阶段编写时，功能详细说明会深入到如何处理用户输入、如何返回结果等核心环节，使产品设计和开发的每一步都能与预期需求保持一致。

同时，测试团队也会依托这份文档来制定测试用例，确保每个功能点都能按预期工作。如果功能说明充分且具体，测试人员就能在最短时间内发现潜在问题，并及时进行修正，从而进一步提高项目整体的开发质量与效率。

问：

假设你是一位产品经理，请你根据上面的项目背景为我生成一份功能详细说明。

答：

功能详细说明：智能家居控制系统

（1）项目概述

本智能家居控制系统旨在通过人工智能技术，实现智能设备的自动化控制和智能家居的集成管理。系统允许用户通过语音助手、手机应用、自动感应等多种方式控制家中的设备，包括灯光、温控、家电、安防系统等。本功能详细说明将明确系统各个功能模块的实现细节，确保开发、测试和部署的顺利进行。

（2）功能模块

本系统的主要功能模块包括：设备控制、场景管理、智能自动化、安防系统、用户管理和数据监控。

……

（3）设备控制

功能描述：

用户能够通过语音指令、手机应用或自动感应设备控制家中的各种智能设备（如灯光、空调、电视、智能插座等）。系统会根据用户的输入指令或环境感知，实时执行设备操作。

功能点：

语音控制：用户通过语音助手（如 Google Assistant、Amazon Alexa 或系统自带的语音识别）控制家中的智能设备。

输入：用户语音命令（如"调暗客厅灯光""开启空调"）。

输出：语音助手响应并将控制指令传输给智能设备，设备执行相应操作。

手机应用控制：用户通过手机应用界面控制设备状态，调整设备参数。

输入：用户通过触摸屏选择设备并设定参数（如亮度、温度、开关等）。

输出：手机应用通过物联网（IoT）协议将指令发送至设备，设备执行相应操作。

自动感应控制：系统根据环境传感器自动感知变化并调整设备状态（如温度传感器、运动传感器等）。

输入：环境数据（如室温、运动检测信号）。

输出：系统自动执行指令（如温控系统自动调节温度，灯光根据人员进入房间自动开关）。

技术实现：

语音控制使用语音识别和自然语言处理（NLP）技术，将用户的语音指令转化为机器可执行的命令。

手机应用与设备之间通过 Wi-Fi 或蓝牙进行通信，使用 IoT 协议（如 MQTT）确保设备的远程控制。

自动感应控制依赖于环境感应器（如温度传感器、湿度传感器、运动传感器等），并通过规则引擎触发设备动作。

(4) 场景管理

功能描述：

场景管理功能允许用户创建、修改和触发一系列智能设备的联动模式。用户可以根据个人需求设置预定义的场景（如"离家模式""回家模式""睡眠模式"），在这些场景下，多个设备会按预设规则自动执行。

功能点：

创建场景：用户可以通过手机应用或语音助手创建自定义场景，选择设备并设置设备行为（如温控、灯光、安防等）。

输入：用户选择场景名称、设备类型、设备参数（如亮度、温度设定、时间等）。

输出：保存场景设置，并为用户提供场景执行的快捷方式。

编辑场景：用户可以修改现有场景的设备组合和参数设置。

输入：用户选择已保存场景，并编辑场景内设备的设置（如调整温控、改变灯光亮度）。

输出：修改后的场景保存并更新至系统。

触发场景：场景可以通过手动操作、语音命令、自动感应（如离家、回家模式触发）等方式执行。

输入：用户手动点击场景按钮、发出语音命令，或系统通过感应条件触发。

输出：系统自动控制设备，按照场景预设的规则执行。

技术实现：

场景管理依赖于规则引擎，规则引擎根据用户设定的条件和设备参数，触发设备的执行动作。

手机应用或语音助手通过 IoT 协议与设备进行通信，发送场景触发命令。

(5) 智能自动化

功能描述：

系统通过人工智能和机器学习技术分析用户行为习惯，自动调整设备设置。智能自动化功能根据时间、天气、用户行为等因素智能调整家中环境。

功能点：

学习用户习惯：系统通过分析用户的历史操作数据（如每天晚上调整温度至22℃，灯光自动调节等），智能学习用户的偏好并进行预测。

输入：用户行为数据、设备操作日志。

输出：系统基于用户行为预测并自动调整设备设置。

智能环境调节：根据天气、时间等因素自动调整设备。例如，系统可以根据室外温度和湿度自动调节家中的空调温度。

输入：天气数据（温度、湿度、气压等），室内环境数据（温度、湿度等）。

输出：系统自动调整温控、窗帘等设备。

技术实现：

使用机器学习算法分析用户的设备使用习惯，生成个性化的自动化调整规则。系统与外部天气数据接口对接，获取实时天气数据并触发自动调节。

(6) 安防系统

功能描述：

安防系统能够实时监控家庭安全状况，并在发现异常时向用户发送警报。系统包括视频监控、门锁控制、运动检测和报警功能。

功能点：

视频监控：系统能够接入家庭摄像头并通过手机应用实时查看家中的视频画面。

输入：摄像头视频流。

输出：手机应用或语音助手实时显示视频画面。

门锁控制：通过手机应用或语音指令远程锁定或解锁门锁。

输入：用户发出的锁定或解锁指令。

输出：门锁执行相应的操作，反馈锁定状态。

运动检测与报警：通过运动传感器检测到可疑活动时，系统会自动触发报警并通过手机应用通知用户。

输入：运动传感器数据。

输出：报警信号、推送通知。

技术实现：

安防设备通过视频流和 IoT 协议与系统通信，视频监控通过云服务进行存储和转发。

门锁和传感器通过无线网络（如 Zigbee、Z-Wave 或 Wi-Fi）与系统连接，支持远程控制和状态反馈。

实时报警和推送通知通过推送服务（如 Firebase Cloud Messaging）实现。

（7）用户管理

功能描述：

用户管理功能允许用户注册、登录、管理个人资料，并设置访问权限。多个家庭成员可以共享智能家居控制系统，但可以设定不同的权限级别。

功能点：

注册与登录：用户通过手机号、邮箱等注册账号，支持多种登录方式（如密码、短信验证码）。

输入：用户个人信息（如手机号、电子邮件地址等）。

输出：注册成功并生成唯一用户 ID。

家庭成员管理：用户可以邀请家庭成员共同使用智能家居系统，设置不同的权限（如设备控制权限、场景编辑权限等）。

输入：家庭成员的信息（如手机号、邮箱）。

输出：邀请成员加入系统并设置权限。

技术实现：

用户管理模块采用加密存储用户信息，使用 OAuth 或 JWT 协议进行安全认证。

用户权限管理基于角色访问控制（RBAC），根据不同角色分配访问权限。

（8）数据监控与分析

功能描述：

系统将收集并分析设备使用数据、环境数据和用户行为数据，为用户提供智能家居使用的统计和优化建议。

功能点：

设备使用统计：用户可以查看设备的使用频率、耗电量等统计数据。

输入：设备操作数据、能源消耗数据。

输出：统计图表、报告。

环境监控与优化建议：系统分析环境数据并向用户提供节能建议（如"空调设置温度过低，建议调高 2℃"）。

输入：环境数据（温度、湿度等）。

输出：优化建议、警告信息。

技术实现：

数据通过 IoT 协议上传至云服务器进行处理和存储，使用数据分析工具（如 Apache Kafka）进行实时数据流分析。

生成的报告和建议通过手机应用展示给用户。

(9)总结

本功能详细说明阐述了智能家居控制系统的各个功能模块及其技术实现细节，为开发团队提供了清晰的开发和测试依据。确保系统功能能够按预期顺利实现，并在用户端提供良好的体验。

6.2.5 项目需求评审

项目需求评审（Requirement Review）是需求开发阶段的关键环节，用来确保产品或项目的需求定义既清晰又完整，并能够充分满足用户需求、市场需求以及业务目标。通过对需求文档的准确性和可行性进行评审，团队能在开发前及时发现潜在风险或问题，并作出必要的修正，这不仅能减少后续阶段的返工，还能为项目的整体质量和进度打下坚实基础。

在需求评审过程中，最重要的目标是验证需求的完整性与一致性。只有当所有需求都被充分收集并以明确的方式记录下来，才能有效避免相互冲突或存在矛盾的情况。评审也有助于发现需求中存在的模糊或不合理之处，让团队在问题扩大之前进行调整或重新定义。此外，需求评审能够通过跨部门沟通来确认需求在技术、资源以及时间层面上的可行性，并明确各需求的责任分配与优先级。这样一来，团队就能专注于最关键的需求，确保项目在有限的资源下顺利推进，同时避免对非核心需求投入过多精力。一个标准的需求评审流程通常由多个步骤组成，以便对需求进行全面检验与确认，为后续的开发工作奠定稳定基础。

1. 准备阶段

在正式开展项目需求评审之前，需要确保所有相关需求文档（如产品需求文档、市场需求文档、商业需求文档等）均已完成，并为评审做好充分准备。此时要明确评审的目标，例如：评估需求的完整性、可行性和清晰度，或是确认需求优先级。通常，需求评审会邀请多个团队成员参与，包括产品经理、开发人员、测试人员、设计师、市场团队以及客户代表等。不同职能的成员能从各自角度提出问题，保证需求的全面性与可行性。接着，还需要安排好评审的时间、地点和形式（如线下面对面会议或线上会议），以便相关人员能充分了解评审范围并做好功课。

2. 进行需求评审会议

在评审会议中，产品经理或项目负责人会简要介绍需求文档，阐述项目的背景、目标、范围以及需求的核心内容。评审小组会逐条审阅每项需求，确保其表述清晰、无歧义，并讨论可行性、实施难度以及可能的技术风险。与此同时，团队还需核对需求与业务目标及市场需求的匹配度，避免出现偏离初衷的情况。会议过程中，任何疑问、建议或修改意见都应被及时记录，产品经理要确保所有反馈都得到充分讨论与响应。

3. 评审后的跟进和修改

当评审会议结束后，产品经理与项目团队需要对收集到的反馈进行分析与评估，决定哪些问题和建议需要被优先修正，哪些可以暂时保留或搁置。随后，应根据这些决策更新需求文档，使其更精确且全面，并在此过程中重新审视每个需求的优先级与紧急程度，保证核心功能能在有限的资源下优先落地。修改完成后，产品经理可组织进一步的评审会议，帮助所有团队成员了解并认同新的需求文档版本。只有当团队对修改后的需求达成共识，项目才能更顺利地向前推进。

4. 需求评审后的验收和发布

在所有修改意见都被吸收并得到关键利益相关者认可后,需求文档将被标记为最终版本,标志着需求确认工作的结束。这时,项目可以正式进入后续的设计和开发阶段。产品经理应注意向开发、测试和设计等团队分发最新版本的需求文档,以确保各团队成员使用的都是最准确的需求信息,避免因版本不统一而引起的返工或错误。

通过需求评审这一核心环节,团队能够验证需求的正确性、完整性与可行性。评审会议中,各方通过集体讨论和质疑,能有效识别潜在问题与冲突点,让需求更具深度与全面性。作为评审会议的协调者,产品经理不仅需要掌控会议流程、记录反馈和决策,也需确保任何需求变更都被妥善记录并纳入后续开发周期。借助这一过程,项目团队能够显著降低风险、提升成功率,让最终产品真正满足用户与业务的双重目标。

项目需求开发之后的阶段是项目开发测试和发布阶段。对于产品经理而言，项目都是围绕着产品在做的，所以在项目上线后的销售运营以及服务等活动没有包含在这些常规项目中。在最后的开发阶段，AI 又能提供什么帮助呢？

第 7 章
用 AI 实现项目开发

7.1 项目开发

7.1.1 设计

设计阶段是项目开发过程中的重要基石，产品经理在此阶段需要与设计师、开发团队以及其他相关部门通力协作，通过概要设计与详细设计，将早期定义好的产品需求转化为可执行的技术方案。除了满足用户需求，设计还必须兼顾技术实现的可行性与资源投入，使产品在可维护性和可扩展性方面表现优异。产品经理在这个过程中承担着关键角色，他们不仅要确保设计方案贴合商业目标与用户需求，还要推动团队在技术与业务上达成共识，从而为后续开发提供稳固的基础。

在这一阶段，AI 可以通过对设计文档的分析，快速识别潜在的设计缺陷或不足，例如界面布局是否贴合用户习惯、交互流程是否存在不合理之处等。通过在早期发现这些问题，产品经理能够及时作出优化与调整，避免后续因设计缺陷而导致大量的返工和资源浪费。以电商平台的产品详情页面为例，若产品经理在其中设计了产品图片、商品描述、规格参数、客户评论、价格以及购买按钮等核心元素，那么将页面样式和交互原型上传给 AI，就能让其评估布局是否容易被用户理解。例如，如果"购买按钮"被放置在页面内容最底部，AI 可能会指出这样做不够合理，尤其当页面信息过于冗长时，用户需要滚动很长一段距离才能看见购买入口。这样一来，产品经理就能在设计阶段及时调整购买按钮的位置，将它放置在更醒目的区域，有效提升用户的购买体验和转化率。

7.1.2 设计评审

设计评审是确保设计方案具备高可行性与高质量的关键环节。产品经理需要组织包括开发人员、设计师、测试人员以及其他利益相关者在内的团队成员，对设计方案进行全面评估，并及时识别其中潜在的技术挑战、资源限制以及与需求存在偏差的部分。评审的核心目标在于验证设计能否有效落地，是否满足需求，以及能否在既定的资源与时间范围内完成。产品经理在这一过程中的任务是平衡不同团队的观点，确保最终设计既符合产品定位，又能够真正满足用户需求与商业目标。

可以让 AI 帮助设定一个评审的方案表，如下。

问：

假设你是一位产品经理，针对我们所设计的产品——空气净化器的新品，设计一个评审表，要求对产品的设计方案进行审查，评估其是否符合实施的可能性。

答：

空气净化器设计方案评审表

……

（1）产品需求与市场目标对齐

市场需求：设计方案是否充分考虑到目标市场的需求？是否与消费者的痛点相匹配？例如，是否能有效解决空气污染问题、提供便捷的操作体验，满足不同用户群体（如家庭、办公室等）的需求？

竞争分析：设计是否能够在竞争激烈的市场中脱颖而出？是否包含了独特的卖点或创新功能，具有足够的市场吸引力？

（2）功能实现与技术可行性

核心功能：设计方案是否充分覆盖了产品的核心功能，如空气净化、过滤效率、智能控制等？这些功能是否能够通过现有技术实现，且在技术上是可行的？

技术方案：所选用的技术（如过滤材料、风扇技术、智能传感器等）是否成熟且有保障？是否能够提供稳定的性能和较长的使用寿命？

技术创新：是否有新的技术创新能够提升产品的竞争力，例如通过 AI 智能控制、语音识别等技术增强用户体验？

（3）可制造性与成本控制

生产可行性：设计方案是否考虑到了生产过程中的可行性，是否具备较高的生产效率和可规模化生产的潜力？在生产过程中是否能避免高成本或复杂的工艺流程？

成本与定价：设计的成本是否符合预期的价格区间？是否能够在保证质量的前提下，确保合理的生产成本与市场售价之间的平衡？

供应链考虑：所需的原材料和配件是否容易获取，供应链是否可靠，是否考虑到可能的供应链风险？

（4）用户体验与产品设计

外观设计：产品的外观设计是否符合目标用户的审美和使用需求？是否具备现代感和高质量的视觉体验？设计是否考虑到用户的空间布局和使用场景？

用户交互：用户界面（UI）和用户体验（UX）是否友好？操作是否简便直观，用户是否能够轻松完成设置和调整？智能功能（如 App 控制）是否直观易用？

噪声与能效：空气净化器的噪声水平是否符合家庭使用环境的需求？能效是否达到预期，是否有节能设计？

（5）质量保证与售后服务

产品耐用性：设计方案是否考虑了产品的耐用性和长期使用的稳定性？产品是否能够承受长期的使用负荷，例如过滤系统的更换周期、设备寿命等？

售后服务：是否有完善的售后服务支持体系？包括维修、技术支持、配件更换等服务是否便捷高效？

产品认证与合规性：是否符合相关的环保、健康、安全等行业标准，是否具有必要的认证（如 CE 认证、RoHS 认证等）？

（6）时间与资源管理

开发周期：设计方案是否合理安排了开发周期？是否有明确的时间节点和阶段性目标，确保项目按时推进？

团队能力：设计的复杂性是否与团队的技术能力相匹配？是否需要额外的技术支持或外部合作，是否存在开发中的资源瓶颈？

风险管理：是否考虑到了项目开发过程中的潜在风险，如技术难题、市场变动、资源短缺等，并制定了相应的风险应对措施？

（7）环境与可持续性

环保设计：设计方案是否注重环保，是否选用了可回收、环保材料？在产品的生命周期中，是否考虑了环境影响，是否符合相关的环保法规？

> 能源消耗：空气净化器的能源消耗是否合理？是否有节能设计，符合绿色产品的标准？

通过这个评审表，产品经理可以确保设计方案的实施性、可行性和市场适应性，从而为空气净化器的成功推出奠定基础。

7.1.3 编码

编码阶段是将前期设计方案落地为可实际运行代码的重要过程。开发人员需要在这一阶段结合需求与设计文档，运用所选编程语言与技术栈来实现具体的功能模块。除了必须具备扎实的技术功底，他们还需深刻理解业务逻辑和用户需求，只有这样才能在确保功能正确性的同时，为后续的扩展和维护打下良好基础。

产品经理在编码阶段的角色同样不可或缺。他们需要让开发团队对项目目标和时间进度达成一致理解，并通过定期沟通来掌握编码的整体状况。如果在此过程中发现需求变动或遇到技术瓶颈，产品经理应及时协调资源，确保项目始终围绕既定方向前进。同时，为了防止项目出现偏离或重复劳动，所有需求变更都应该被仔细评估并纳入正式的管理流程。

在现代软件开发领域，AI 技术为编码带来了更多可能。通过自动生成部分代码框架或处理大量重复性编程任务，AI 能明显提升开发效率并降低因人为疏忽导致的错误率。产品经理还可以利用 AI 工具对代码质量进行分析，以提前识别潜在风险并在项目初期就采取预防措施。这样不仅能缩短整体开发周期，还能让团队更有针对性地投入人力和资源。总而言之，产品经理在编码阶段所做的不仅仅是跟进进度和管理需求变更，他们还要善用现代技术手段来优化开发流程，确保项目在既定时间和质量标准下顺利推进。

7.1.4 单元测试阶段

单元测试阶段是软件开发过程中的关键环节,主要目的是验证每一个功能模块的正确性和稳定性,确保它们都能按照预定需求正常运行。在这一过程中,开发人员会针对各个功能组件编写并执行测试用例,深入检查代码逻辑是否存在错误或隐患。通过将问题及时暴露并加以修正,后续阶段(例如集成测试和系统测试)所面临的风险与难度将显著降低。

产品经理在这里扮演着沟通与统筹的重要角色。他们需要熟知所有功能点所对应的业务逻辑,并向测试团队清晰传达这些需求与重点,从而保证测试覆盖范围足够全面。同时,产品经理还应评估测试用例的设计质量,确保关键功能与场景都得到适当的验证。一旦测试过程中发现问题,产品经理要促成开发团队与测试团队之间的高效对话,以便迅速采取补救措施,例如修复缺陷或优化代码逻辑。在此基础上,产品经理也要持续跟进单元测试的进度与结果,为项目的整体质量把关,并根据测试反馈对项目计划进行必要的调整,确保产品能按期、高质量地完成。

7.2 项目发布

在项目发布阶段，产品经理需要同时关注多个关键要点，确保一切都已准备就绪，以便项目能够按时且顺利地上线。这通常包括对发布计划进行最终审核、在预发布环境进行必要的测试、将更新部署到正式环境，以及填写并提交发布申请单等一系列核心任务。通过在发布前严格把控这些环节，产品经理才能有效降低上线后出现故障或返工的风险，为产品的平稳运行奠定坚实基础。

7.2.1 发布计划的评审

在项目正式发布之前，产品经理需要对发布计划进行最后一次全面审阅，确保所有时间节点、责任人以及应对措施都已明确无误。与此同时，还应核实发布计划是否完整地涵盖了各个关键环节，例如从代码提交与数据库迁移，到用户告知与客服准备等。在此过程中，任何在开发周期内出现的变动，都必须被及时纳入新的发布计划版本。在评审阶段，产品经理需要与开发、测试、运营、市场以及客服等部门紧密协作，以保证各方对发布时间和方式都保持一致认知。举例而言，市场部门需要在发布时向用户宣传新功能，而客服部门则必须了解新功能的具体操作流程，才能迅速处理可能出现的用户咨询或故障。最后，产品经理还应仔细评估任何潜在的发布风险，并在必要时准备好应对方案，以在上线后第一时间化解突发问题，保障项目顺利落地。

7.2.2 预发布环境测试

预发布环境测试是产品上线前必不可少的环节，旨在提前发现并解决潜在问题，从而最大程度地保障产品在正式上线后的稳定与可靠。为此测试环境的搭建通常需要高度还原真实生产环境的软硬件配置与网络条件，确保模拟运行时所接触的场景、数据以及操作行为都与实际情况保持一致。通过在这一环境中进行全面测试，团队能更早地识别功能或性能方面的不足，并及时采取改进措施。

在准备阶段，产品经理需与技术团队密切协作，力图让预发布环境在软件版本、配置文件以及外部依赖等方面都与生产环境完全同步。在这一过程中，导入具有代表性的测试数据是关键所在。只有当数据能够覆盖各类典型业务场景，才能对产品的真实使用状况进行完整的验证，并在测试中发现实际操作中的隐藏问题。

功能测试是预发布阶段的核心任务，测试团队会根据需求文档细致验证每个功能点——从用户界面到业务流程，再到系统间的交互接口。同时，他们也会展开负向测试，为可能出现的异常输入或行为做好风险评估，保障产品在复杂情况下仍能可靠运行。

性能测试同样是预发布中不可或缺的一部分。通过模拟高并发或大数据量的使用场景，技术团队能够评估系统在极端条件下的响应速度及资源占用情况，从而发现潜在的扩展性和稳定性问题。如果测试中出现严重缺陷，需立即修复并进行回归测试，以验证新的修改不会引发其他故障或造成功能回退。

当所有测试工作告一段落后，产品经理通常会组织一次总结会议，回顾测试过程中的问题与应对措施，并讨论未来可能的优化与改进方向。这样的会议为后续迭代提供了宝贵经验，让团队在产品正式上线前就能把潜在风险降到最低。

7.2.3 更新生产环境

将产品从预发布阶段正式移至生产环境，意味着它将面向真实用户并接受市场检验。由于任何细微的部署错误都可能引发服务中断或数据丢失，进而影响用户体验和公司声誉，因此这个过程需要极其谨慎。产品经理在更新生产环境之前，必须先确认在预发布测试中未发现重大问题，并且所有功能改动和错误修复都已通过必要的验证。

在此基础上，产品经理需要制定一个详尽的部署计划，明确更新的具体时间表，最大限度地降低对用户正常使用的影响。部署计划还应注明每一个环节所需的人力和负责人员，让团队中的每个人都对自己的职责与执行步骤有清晰认知。同时，产品经理应当充分考虑可能的风险和不确定性，比如选择用户访问量较低的时段进行更新，以减少对正常业务的干扰，并准备好完善的回滚方案，以防万一在更新中遇到严重问题时能迅速恢复到此前的稳定状态。在正式部署的过程中，对系统状态的实时监控是不可或缺的。包括硬件性能、软件应用以及网络连接等关键指标，如果任何一项出现异常，都应第一时间进行排查和干预。产品经理还要确保技术支持团队随时待命，并为他们提供足够权限和资源，以便能在突发状况下立即着手解决问题。更新完成后，产品经理通常会组织团队对部署过程进行回顾，探讨哪些做法有效、哪些地方需要改善，包括对部署计划的执行结果和客户反馈进行综合评估。通过这种方式，团队可以积累宝贵经验，让未来的更新流程更加高效、安全，确保产品持续为用户带来高品质的使用体验。

7.2.4 填写发布申请单

填写发布申请单标志着产品从内部研发阶段逐步迈向市场，是产品上市流程中不可或缺的关键一环。由于申请单的内容直接影响到产品能否顺利获得发布批准，产品经理必须在填写时保持高度的责任感和准确性。尤其在描述即将发布的功能时，需要对业务逻辑、用户价值以及系统整合方式进行详细说明，并附上预发布阶段的测试结果与风险评估报告，让审批部门充分了解项目的整体情况。

在选择产品具体的发布时间时，产品经理通常会考虑用户活跃度，尽量安排在访问量较低的时段，以将对现有用户的影响降至最低。同时，还要在申请单中明确部署过程中涉及的每个环节、执行者以及所需的资源，以便在正式执行时能够严格按照计划进行。

在公司内部，发布申请往往需要多个部门共同审批，包括技术、安全、业务和合规等不同职能。技术部门更关注产品的系统兼容性与技术可行性，安全团队则会重点排查产品是否存在潜在的安全威胁，业务方面会从市场与用户需求的角度评估产品的盈利和发展前景，而合规部门则会就法律与合规性问题进行审查。由于各部门评审的关注点不同，产品经理需要提供详实、多维度的信息，以赢得各方面的认可。

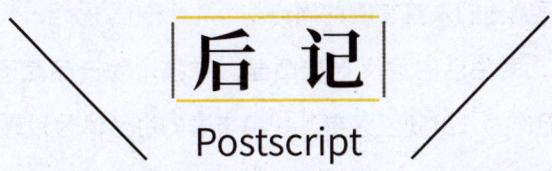

后记
Postscript

修炼内在，拥抱 AI 时代的无限可能

当我完成这本的最后一页时，不禁回顾起这段旅程。从构思到成书，我不仅是在记录自己的经验和思考，更是在与每一位读者进行心灵上的沟通与交流。这本书所要传达的不仅是方法论与工具，更是一种融会贯通的职业修养——爱生活，怀理想，持续学习，善于沟通。在此我希望以这四方面为基石，与大家分享作为一名产品经理的内在修炼，以及如何在 AI 时代绽放光彩。

🟡 爱生活：创造的源泉

爱生活的人，才能爱产品；爱产品的人，才能创造更好的生活。

生活中的每一次触动、每一个发现，都是我们产品设计的灵感来源。身为产品经理，我们不是冷冰冰的技术指挥官，而是赋予技术温度的造梦者。回忆起我刚入行时，生活对于我来说是一场兵荒马乱的旅程：KPI、用户反馈、功能迭代。那时候我总以为只要做得快、做得好，产品自然会赢得市场。直到有一次，我无意中听到一位用户对我们产品细节的抱怨：功能复杂到让人心烦意乱。"难道这个产品是为了让我们更焦虑吗？"她的话让我陷入了深思。从那之后，我开始尝试改变自己的生活态度。我开始试着倾听街边路人的交谈，观察地铁里低头玩手机的乘客，甚至从一场简单的下午茶中寻找灵感。我发现，生活中那些平凡的细节往往蕴藏着最动人的创意。当我们用心生活，我们就能真正懂得用户的需求和期待，甚至提前预见他们未曾言明的痛点。

而在 AI 时代，爱生活的意义更加凸显。AI 技术为产品赋予了全新的可能，但它依然需要我们作为"灵魂注入者"，用丰富的生活体验和真实的情感为产品增添人性化的温度。记住，只有真正热爱生活，才能在每一个细节里找到打动人心的力量。

怀理想：不做咸鱼

理想是产品经理职业生涯的灯塔，它让我们在挫折中保持方向感，在选择中保持清醒。在 AI 浪潮之下，有些人觉得技术就是一切，而我认为技术只是实现理想的手段，而非理想本身。作为一名产品经理，理想不只是 KPI 数据或市场份额，而是能否用产品去改变人们的生活方式，甚至推动社会的进步。

理想会给我们无穷的动力和耐心。在无数次的功能调整、需求变更中，它是唯一让人不被琐碎淹没的力量。每当想要放弃时，我都会问自己：这个产品能不能让用户因为使用它而变得更好？如果答案是肯定的，那我就愿意为之再努力一点，再坚持一次。在 AI 时代，我们的理想更加需要"乘风破浪"的勇气和"未雨绸缪"的智慧。AI 让很多重复性的工作变得轻而易举，但它也让市场竞争更加残酷。要想不被淘汰，我们必须不断反思自己的产品是不是在用理想驱动，而不是沦为数据的奴隶。

🟡 持续学习:探索的动力

"活到老,学到老",这不仅是个人成长的需要,更是产品经理的生存之道。

AI 技术的发展日新月异,我们今天学习的技术,可能明天就已经过时。但真正的学习能力,绝不仅仅是掌握一项技能那么简单,而是培养一种能够快速适应变化的"元能力"。记得有一次,我们团队准备上线一个结合 AI 的功能。那是我第一次接触深度学习技术,面对晦涩的技术文档和开发语言,我深感挫败。但我没有停下脚步,而是主动向技术团队请教,从零开始学习相关知识,直到能够理解基本的原理并将其融入产品设计中。那个项目最终大获成功,而我也因为这次学习体验深刻认识到,产品经理必须是学习的"终身玩家"。在这个 AI 主导的时代,学习的意义变得更加重要。AI 技术更新的速度比任何一个时代都快,唯有保持对未知的好奇和对新知的渴求,才能不被时代抛下。记住,学习的过程本身也是一次思维的跃迁,每一次新知识的融入都会让你看待问题的方式发生微妙而深刻的变化。

🟡 善于沟通:连接的艺术

产品经理是桥梁,是团队间的润滑剂,也是用户与产品的沟通者。

沟通的艺术是产品经理最重要的软实力之一。曾经有一段时间,我把沟通当作一种单向的任务:与技术团队协调开发进度,向用户说明产品功能。但后来我发现,真正有效的沟通不是"说服",而是"共鸣"。每一次沟通的核心,不是强调你的观点有多正确,而是让对方感受到他们的意见被尊重、被重视。在 AI 时代,沟通更加复杂而有趣。AI 技术让数据分析更为精准,但也可能让人际互动显得疏离。如何在"数据驱动"的同时保持"人心连接"?这不仅是一种技巧,更是一种智慧。记得有一次,我们的用户调研团队对AI生成的用户数据过于依赖,而忽视了对用户情感的直接交流。结果,尽管数据模型显示我们的新功能备受欢迎,但实际用户反馈却不尽如人意。这让我明白,沟通不能被技术取代,它是一种需要用心经营的关系。

AI正在改变世界,也正在改变我们作为产品经理的思维模式和职业角色。但无论技术如何进步,"人"始终是核心。只有热爱生活、怀揣理想、不断学习、善于沟通,我们才能在AI时代创造出更加动人的产品,让技术服务于人类。我期待,未来的每一位产品经理都能以这本书为起点,展开属于自己的AI进化之旅。愿我们在AI赋能的新时代里,找到内心的那份光亮,让它照亮我们前行的道路。